KB023088

etable

Veg

ECOFEMINISM

— 원하는 모습으로 살고 있나요? —

단순하게 잘 사는 법 ★ 에코페미니즘

여성환경연대 X 프로젝트P.

contents

PART 3. 라이프 [life]

PART 4. 에코페미니즘 [ecofeminism]

CLOSING 맺음말 | **괜찮지 않은 세상을 괜찮게 사는 법**

당신은 지금 행복한가요?

평등하고 생태적인 사회를 만들고자 여성들이 손을 잡았던 1999년 6월, 그로부터 20여 년의 시간이 흘렀습니다. 여성환경연대는 여성운동과 환경운동을 연결하면서 성평등한 생태사회를 꿈꾸며 다양한 활동을 펼쳐왔습니다.

지난 20년 동안 한국 사회는, 탈성장을 외치면서도 여전히 아파트를 올리고 강을 막고 원자력발전소를 세웠습니다. 넘치도록 생산된 상품으로 풍요로워졌지만, 차별과 폭력이 끊이지 않고 있습니다. 전 세계에서 실어온 먹을거리가 밥상에 오르고 여성과 자연을 착취한 값싼 옷을 입게 되었지만, 우리는 더 많이 아프고 몸을 더 부끄러워합니다. 일회용품과 쓰레기가 넘쳐나고, 숨 쉬는 것도 쉽지 않고요. 신자유주의는 일상이 되어 서로가 서로를 혐오하고 경멸하는 시스템을 만들고 있습니다.

그렇게 우리는 우정과 환대를 잃은 채 서로에게 곁을 주지 못하는, 세계에서 가장 행복하지 않은 나라가 되고 있습니다. 어디에서부터 잘못된 걸까요?

이 책은 여성환경연대가 한국 사회에 보내는 간절한 메시지이자, 불편한 일상을 들여다보고 어떻게 살 지 고민한 지난 20년의 삶과 운동에 관한 기록입니다. 이 책을 통해 더 많은 여성과 남성들이 우리가 본 것을 함께 보고, 우리가 하고 싶은 일에 관심을 가지고, 함께 해주었으면 좋겠습니다. 평범한 여성이었던 우리가 그랬듯이 말입니다.

이 책은 오늘 낮 테이크아웃으로 마신 아이스아메리카노 한 잔에서 시작합니다.

시원한 커피를 담는 투명한 컵. 이 컵의 소재인 플라스틱은 석유 부산물에서 우연히 발견되어 우리의 일상에 깊이 파고 들었습니다. 이제는 생활하는 데 없어서는 안 될 필수품이 되었죠. 플라스틱 컵은 오늘 내 책상 위에 놓였다가, 쓰레기통이나 분리수거함에 들어가 눈앞에서 사라집니다. 그런데, 그 컵은 모두 어디로 갔을까요?

플라스틱 컵은 태워지거나 잘게 부서져 미세플라스틱이 됩니다. 재사용되거나 재활용되는 비율은 극히 일부이고, 대부분은 바다로 흘러갔다가 다시 내 몸으로 돌아오죠. 단 10분 사용하기 위해 만든 이 컵은, 우리가 발 딛고 있는 땅과 마시는 물을 오염시키고, 부메랑이 되어 결국 우리의 몸으로 돌아오는 것입니다.

첫 장에서는 플라스틱의 생애를 통해 우리의 일상을 돌아봅니다. 그리고 플라스틱을 '덜 쓰고, 다시 쓰고, 안 쓰는' 운동이 왜 지금 중요한지 이야기하고자 합니다.

둘째 장은 몸에 대한 이야기입니다. 몸은 내가 편하게 깃들어 살고, 누리고, 일하는 곳입니다. 그런데 오늘날 우리의 몸은 '소비시장의 전쟁터'가 되었습니다. 동시에 플라스틱과 같은 편리한 일회용품과 화학물질 속에서 화학전을 치르고 있습니다.

우리는 자연이 그러하듯 밤이 되면 잠을 자고, 나이 들면 주름지고, 40년 동안 월경을 하는 몸을 가지고 있습니다. 나이 들지 않고 병들지 않는 몸은 없습니다. 왜, 언제부터 월경하는 몸이 부끄럽고 귀찮은 장소가 되었을까요? 영원한 젊음과 아름다움은 어떻게 모두의 열망이 되었을까요? 24시간 소비하고 일하는 삶 속에서 왜 어떤 여성들은 더 아프고, 왜 아이들이 아토피로 고통받는 지 들여다보았습니다. 또한 폭염과 미세먼지, 기후위기는 개인적으로 해결할 수 없습니다. 공기청정기와 마스크 대신 개인과 사회가 함께 할 일을 생각해보았습니다.

셋째 장은 그래서 어떻게 살아야 할 지 고민하고 실천했던 대안에 대한 이야기입니다. 우리가 함께 할 수 있는 일과, 작게라도 혼자 시작할 수 있는 일들이 담겨 있습니다.

각자 사는 도시에서 작은 실천을 하며 즐겁게 마을을 일구는 여성들의 이야기와 나를 돌보고 서로를 돌아보는 공동체 건강 프로그램도 제안합니다. 옥상텃밭, 학교텃밭, 병원텃밭 등 도시에서 텃밭을 일구며 바른 먹거리와 생태적 삶에 대해 사유하고, 실천하는 이들에 대해서도 다루었습니다. 농부와 수공업자, 요리사, 시민들이 대화하는 장터 '농부시장 마르쉐', 국경 너머의 여성들을 응원하는 페어트레이드코리아의 실험을 통해 도시와 농촌, 아시아가 연결되는 이야기도 담았습니다.

넷째 장은 지금 한국 사회에 필요한 에코페미니즘에 대한 이야기입니다. 경제 성장의 한계와 전 지구적 환경 위기 속에서 우리가 만들고 싶은 지속가능한 사회의 기본 원리와 가치들을 정리했습니다. 모두를 고통으로 내몰고 있는 성장과 위계, 경쟁 사회가 아닌 자급과 돌봄, 파트너십 사회를 제안합니다.

성평등과 민주주의는 언제까지 '다음의' 과제로만 밀려나야 하는지, 생태적이고 지속가능한 경제 패러다임은 언제 가능한지에 대한 질문을 던집니다. 그리고 2016년부터 이어왔던 '세상을 뒤집는 다른 목소리 에코페미니스트들'의 육성도 담았습니다.

에코페미니즘은 지금 우리 사회가 맞닥뜨린 과제에 대해 가장 뜨겁게 대안을 모색하고 있습니다. 에코페미니스트들은 앞으로도 더 많은 유쾌한 실천과 열린 토론, 참여 활동을 통해 답을 찾아갈 것입니다.

이 책을 읽는 당신과도 더 많은 대안을 함께 만들고 싶습니다.

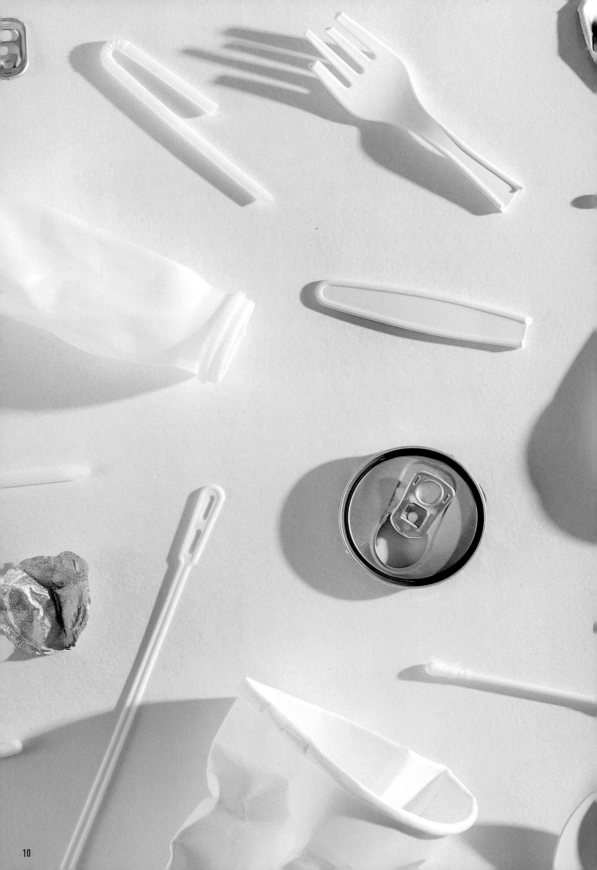

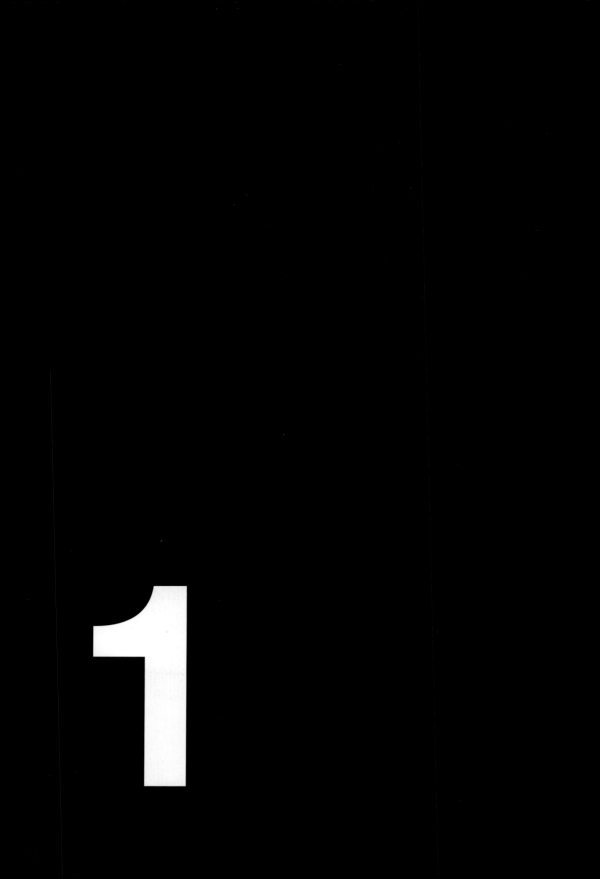

plastic

明日人生

그 많은
플라스틱 컵은 모두
어디로 갔을까?

Writer. 치자
여성환경연대 활동가. 텃밭 농사, 요리,
핸드메이드를 좋아하지만 별다른 재능은 없다.
말없이 반짝이고 글썽이는 것들에 마음이 기운다.

#1

아침에 커피 한잔, 점심에도 커피 한잔. 여름이면 쓰레기통은 일회용 플라스틱 컵으로 넘쳐난다. 일회용 컵 사용량은 매년 꾸준히 상승 중. 2015년 일회용 컵 사용량은 6억 7천만 개가 넘었다.

#2

일회용 플라스틱 컵을 분리수거함에 버렸다고? 그러나 일회용 컵의 재활용률은 5%에 불과하다. 나머지 95%는 대부분 소각되거나 매립된다.

#3

플라스틱 폐기물 처리장에서 일회용 컵은 분류되지 않는다. 플라스틱을 재활용하기 위해서는 소재별로 분류되어야 하지만 일회용 컵은 PS, PP, PET 등 다양한 소재로 만들어지기 때문에 분류가 어렵다. 참고로 빨대도 부피가 너무 작다는 이유로 분류되지 않으므로 재활용률 0%이다.

#4

매립된 플라스틱은 물리적 화학적 작용을 거쳐
분해되어 미세플라스틱이 된다. 미세플라스틱은 크기가
너무 작기 때문에(지름 5mm 이하) 하수처리시설을
통과하여 강과 바다로 흘러들어간다.

#5

미세플라스틱은 스펀지처럼 주변의
유해물질을 흡수해 강한 독성을 띠게 된다.

#6

동물성 플랑크톤은 작고 반짝거리는
미세플라스틱을 먹이로 인식해 먹는다.
미세플라스틱은 해양 생태계 먹이사슬을
따라 조개류, 갑각류를 거치고 참다랑어
같은 큰 물고기까지 이동한다.

#7

통계에 따르면 사람이 한 해 동안 굴, 홍합류를
통해 먹게 되는 미세플라스틱이 1만 1천여
개라고 한다. 해산물을 좋아하는 한국인에겐
비극이다. 생선에도, 생선에 뿌리는 소금에도,
식후에 마시는 물에도 미세플라스틱이 들어 있다.

#8

무심코 버린 일회용 플라스틱 컵이
이렇게 우리 밥상으로 돌아오는
것은 아닐까? 의심해볼 때다.

플라스틱은 돌고 돌아 나의 몸으로

Writer. 치자

내가 쓰는 화장품에
미세플라스틱이 들어 있다고요?

2016년 UNEP(유엔환경계획, United Nations Environment Program)가 발간한
미세플라스틱에 대한 보고서는 전 세계를 충격에 빠뜨렸다. 갈수록
늘어나는 미세플라스틱 때문에 이대로 가다가는 2050년이 되면
바다에 물고기보다 미세플라스틱이 더 많아질 거라니, 믿고 싶지 않다.
미세플라스틱은 길이나 지름이 0.001mm~5mm 이하인 플라스틱을
말한다. 육안으로 확인하기도 어려운 크기다. 내 눈으로 본 적도 없는 이
물질은 대체 어디서, 어떻게 바다로 흘러들어간 걸까?

　　욕실을 한 번 확인해보자. 묵은 각질을 시원하게 벗겨내려고, 더
개운한 양치를 하려고 사둔 각질 제거제, 치약 속에 든 작은 알갱이.
그게 바로 미세플라스틱이다. 우리는 작은 플라스틱 알갱이가 주는
까끌까끌함을 개운함이라고 착각하고 있었다. 2016년 여성환경연대가
일일이 '씻어내는' 화장품 성분을 들여다보며 조사한 결과 9,000여 개
화장품 중 미세플라스틱이 들어 있는 화장품은 총 446개에 달했다.
씻어내는 화장품 뿐일까? 아이섀도 같은 색조 화장품에도, 매니큐어에도
미세플라스틱이 들어간다. 반짝거리는 펄감을 만들어주기 위해서다.
피부에 쓱 발리는 질감을 내기 위해서도, 향기를 오래오래 잡아두기
위해서도 미세플라스틱이 사용된다.

　　뷰티의 영역을 떠나서도 미세플라스틱은 참 다양한 곳에, 많이도
쓰인다. 유럽화학물질청(ECHA)에서 2019년 초에 발표한 보고서에
따르면 농업, 원예, 건축, 의료 등 인간의 손길이 뻗쳐 있는 곳이라면

미세플라스틱이 빠진 데가 없었다. 미세플라스틱이 고농도로 농축된 하수 침전물을 비료로 사용하고 미세플라스틱이 들어간 살충제를 뿌림으로써 토양이 심각하게 오염되었다는 사실도 밝혀졌다.

전 세계가 바다가 플라스틱 수프가 될 것을 걱정하는 마당에 이렇게 의도적으로 첨가된 미세플라스틱을 가만 둘 리 없다. 미국은 연방법으로 2017년부터 미세플라스틱 생산을 금지했다. 우리나라 역시 마찬가지다. 씻어내는 화장품의 경우, 기업의 자율규제 협약에 이어 2017년 1월 식약처의 화장품법 개정고시안이 발표되면서 미세플라스틱 사용이 금지되었다. 또한 치약, 구강청결제 등 의약외품에서도 금지되었다. 화장품은 시작이다. 유럽은 전 산업 영역에서 '의도적으로 첨가된' 미세플라스틱을 줄이기 위한 준비에 나섰다. 그런데 잠깐, 의도적으로 첨가되었다는 말은 뭔가? 그렇다면 의도하지 않았는데 생기는 미세플라스틱도 있다는 말인가?

플라스틱은 죽지 않는다
다만 천천히 사라질 뿐

플라스틱은 150년 전 세상에 처음 나왔다. 플라스틱의 수명은 500년이다. 인간이 처음 쓰고 버린 플라스틱이 아직도 어딘가에서 썩어가고 있다는 뜻이다. 이 말이 잘 와닿지 않는다면, 이건 어떨까. 커피를 좋아했던 고종 황제가 일회용 플라스틱 컵에 아이스아메리카노를 마셨다면 그 컵이 아직도 남아 있을 거라는 얘기다. 물론 많이 부서졌겠지만 아주 작은 조각으로라도 남아 있을 것이다.

재활용되지 않은 플라스틱 쓰레기는 매립장에서 바람과 햇볕에 삭아 분해된다. 또는 강가나 바닷가로 흘러들어가 둥둥 떠다니면서 마찬가지로 작은 조각들로 부서진다. 이게 바로 2차 미세플라스틱이다. 하수정화시설을 쓱 통과해 바다로 흘러들면서 미세플라스틱은 스폰지처럼 주변의 유해물질들을 흡수해 강한 독성을 띠게 된다. 플라스틱 자체에 들어 있는 화학물질들도 문제가 될 수 있다. 플라스틱 제품의 투명함, 강도, 부드러움 등을 위해 추가하는 화학물질들이 암을 일으키거나 환경호르몬으로 작용한다는 사실은 널리 알려져 있다.

우리 몸 구석구석을 정복한
미세플라스틱들

문제는 이 위험한 미세플라스틱이 우리 몸으로 들어오고 있다는 사실이다. 바다로 간 미세플라스틱은 해양 생태계 먹이사슬을 따라 이동한다. 동물성 플랑크톤부터 조개류, 갑각류, 참다랑어같은 큰 물고기에 이르기까지 가리지 않고 미세플라스틱이 검출되었으며 유럽인 한 명이 굴, 홍합 섭취를 통해 연간 미세플라스틱 1만 1천 개를 먹게 된다는 언론 기사를 보라. 캐고 줍는 걸로도 모자라 굴, 조개를 양식까지 해서 먹을 정도로 사랑하는 한국인은 그렇다면 대체 얼마나 많은 미세플라스틱을 먹고 있는 걸까? 우리나라 남해안 미세플라스틱 오염도가 세계 최고 수준이라는 사실은 또 어떻고?

눈물을 머금고 조개와 새우를 먹지 않겠다고 결심한 사람들이 있을 수 있다. 그러나 이미 밥상 한자리를 차지한 미세플라스틱을 그렇게

쉽게 밀어낼 수 있을 줄 알았다면 오산이다. 미세플라스틱은 소금,
마시는 물에도 들어 있다. 2018년 인천대, 그린피스 공동연구 결과에
따르면 전 세계 소금 90%에 미세플라스틱이 함유되어 있었다. 우리나라
신안 꽃소금이건, 프랑스 게랑드 소금이건, 히말라야 핑크솔트이건
정도의 차이가 있을 뿐 미세플라스틱이 든 소금인 것은 매한가지다.
물은 어떨까? 미국, 유럽, 아시아 14개 나라 수돗물 샘플 159개 중에서
83%에서 미세플라스틱이 검출되었다. 생수의 경우도 다르지 않았다.
환경부는 국내 수돗물과 생수의 경우 외국에 비해 평균 검출량이 1/10로
미미한 수준이라고 말하고 있지만 불안감은 쉽사리 해소되지 않는다.

먹고 마시는 것뿐이겠는가? 미세플라스틱은 공기 중에도
존재한다. 크기가 마이크로미터(μm, 1μm=1000분의 1mm) 혹은 나노미터(nm,
1nm=1000분의 1μm) 수준까지 작아지면 그게 바로 미세먼지다. 미세먼지는
호흡을 통해 혈관 속으로 들어올 수도 있다.

세계 최고의 청정지역이라는 남극해에서도, 북극 빙하에서도
미세플라스틱은 발견된다. 한마디로 우리는 어떻게 해도 미세플라스틱을
피할 수 없다는 것이다.

어디에 얼마나 나쁜지조차
가늠할 수 없다고?

미세플라스틱의 독성은 물벼룩, 제브라피쉬 실험 등을 통해 확인된
바 있지만 인체에 끼치는 영향은 아직 제대로 밝혀진 바 없다. 하지만
잘 썩지도 녹지도 않으면서 온갖 독성물질을 빨아들였다가 내뿜는 이

작은 물질이 건강에 좋을 리 없다는 것은 불보듯 뻔하다. 전문가들은 환경호르몬과 같은 화학적 독성, 세포를 찌르거나 인체에 쌓여 영향을 줄 수 있는 물리적 독성, 바이러스나 미생물이 전달될 가능성을 우려한다.

미세플라스틱 문제는 결국 플라스틱 문제다. 해양 미세플라스틱은 대부분 육상에서 온다. 해양뿐만 아니라 토양과 도시 곳곳의 미세플라스틱 오염 역시 가늠하기 어려울 만큼 심각하다. 스크럽제, 치약 등에 들어 있는 미세플라스틱처럼 의도적으로 첨가한 미세플라스틱도 있지만 플라스틱의 분해 과정에서 2차적으로 만들어지는 것들도 많다. 플라스틱의 생산과 소비를 줄여야 미세플라스틱도 줄어들 수 있다.

당신이 지구인이라면
플라스틱 프리 운동에 동참할 것

일상에서 쓰는 일회용 플라스틱 중 가장 많은 것은 무엇일까. 일회용 비닐봉투와 컵일 것이다. 카페가 늘고 커피 소비가 늘면서 테이크아웃 문화는 일상이 되었다. 아무렇게나 버려진 일회용 컵도 흔한 풍경이 되었다. 재활용되겠거니 믿고 썼다면 그 또한 착각이다. 2017년도 통계 자료에 따르면 일회용 플라스틱 컵의 재활용률은 5% 정도밖에 되지 않는다.[1] 나머지는 다 십장생도 부러워할 오래오래 가는 쓰레기가 되는 것이다.

일회용 컵 쓰레기를 줄이기 위해서는 애당초 사용을 줄이는

---

1 자원순환사회경제연구소 홍수열 소장 발언 인용(https://news.sbs.co.kr/news/endPage.do?news_id=N1004278254)

방법밖에 없다. 그중 대표적인 제도가 일회용 컵 사용시 약간의 보증금을 받고 반환하면 돌려주는 '일회용 컵 보증금 제도'다. 2008년 일회용 컵 보증금 제도가 폐지되고 일회용 컵 사용량은 평균 4배로 증가했다.[2] 여성환경연대 등 환경단체와 시민들이 3년째 국회에 발이 묶여있는 보증금제 부활을 요구하고 있는 이유다.

제도를 넘어선 새로운 시도도 많아지고 있다. 테이크아웃을 아예 하지 않거나 텀블러를 대여해주는 카페, 일회용 빨대 대신 다회용 빨대를 제공하는 카페, 일회용 냅킨 대신 손수건을 제공하는 카페도 있다. 여성환경연대의 '플라스틱 없다방' 캠페인은 카페를 중심으로 이러한 플라스틱 프리 문화를 만들어내고 시민들의 참여를 늘리는 데 목표를 두었다. 일부러 맛집을 찾아가듯이 플라스틱 프리 카페 지도를 보고 오늘의 데이트 코스를 짜보면 얼마나 좋을까. 플라스틱 프리가 커피향 번지듯 천천히 동네마다 번지는 날이 오기를 기대한다.

플라스틱 프리를 카페에서만 찾을 수 있는 건 아니다. 미국 샌프란시스코에 있는 '레인보우 그로서리(Rainbow Grocery Cooperative)'는 포장 용기 없이 알맹이만 살 수 있도록 농산물을 비롯한 거의 모든 제품을 벌크 형태로 팔고 있다. 쌀부터 식용유, 과자, 화장품에 이르기까지 담아갈 용기를 가져와서 원하는 만큼 담고 계산하면 된다. 장 본 것들을 정리하고 나서 수북이 쌓인 비닐봉지, 스티로폼,

---

2 일회용컵 보증금제 시행되던 2002~2008년 당시 매장당 일회용컵 사용량은 평균 27,011개. 폐지 후에는 평균 107,811개로 크게 증가(http://news.heraldcorp.com/view.php?ud=20140812000706&md=20140815005323_BL)

플라스틱 용기에 내가 알맹이를 산 건지 껍데기를 산 건지 기가 막혔던 적이 있는 사람이라면 이곳은 단연코 천국이다. 온라인 쇼핑몰은 없냐고? 당연히 있다. 플라스틱 프리 제품을 한 데 모아놓은 온라인 쇼핑몰(lifewithoutplastic.com)에서는 플라스틱 프리 생활 초심자들을 위한 7가지 물건 키트를 70달러에 팔고 있다. 뭐든 장비빨을 세워야 시작할 수 있는 사람이라면 지나치기 어려운 유혹이겠다.

일회용품이 난무하기로는 먹고 마시며 노는 축제를 따라갈 곳이 없다. 그런데 일회용품이 없는 축제도 생기고 있다. 세계적인 음악 축제인 글래스톤베리 페스티벌(Glastonbury Festival)은 2019년 일회용 플라스틱 병 사용을 금지하겠다고 선언했다. 이렇게 해서 줄일 수 있는 일회용 플라스틱 병이 백만 개라고 한다. 텀블러에 담은 물로 목을 축이며 노래하는 뮤지션, 텀블러에 담은 맥주를 홀짝이는 청중들이라니. 더 기꺼운 마음으로 음악에 취할 수 있을 것 같지 않은가.

지구는
일회용이 아니다

카페와 화장품 속 미세플라스틱 외에도 의류, 생활용품 등 우리 삶 전반에서 발생하는 플라스틱 문제는 너무나 다양하고 복잡하다. 쓰레기 차가 지나가면 끝인 줄 알았는데 끝이 아니다. 먹고 마시고 숨쉬는 우리 삶의 모든 영역에서 플라스틱의 반격이 시작되고 있다. 레이첼 카슨의 말을 빌자면, 우리는 눈에만 안 보이면 된다며 양탄자 밑으로 먼지를 쓸어 넣어 버리는 속담 속의 '형편없는 살림꾼'처럼 행동해온 결과를 이제

받아든 셈이다. 2015년 <사이언스>지 발표에 따르면 연간 플라스틱 폐기량은 2억 7천만 톤으로 연간 생산량 2억 8천만 톤과 맞먹는다. 이 중 192개국에서 해양으로 흘러들어 가는 플라스틱은 800만 톤에 달한다. 플라스틱 가득한 바다에서 바다거북은 빨대에 코가 꿰고, 알바트로스 새는 플라스틱 쓰레기로 위장을 채우다가 굶어죽는다. 우리는 이 광경 앞에서 언제까지 눈감을 수 있을까. 언제까지 이 바다에서 건져올린 것들을 먹고 배부를 수 있을까.

플라스틱 없는 삶을 상상하기란 참 힘들지만 그럼에도 불구하고 플라스틱의 위험을 의식하며 대안을 찾는 움직임들이 많아지고 있다는 사실은 매우 희망적이다. 시민이 움직이면 기업과 정부도 움직일 수밖에 없다. 지구는 쓰고 버릴 수 있는 일회용이 아니다. 플라스틱 없는 '즐거운 불편' 이 더 멀리, 더 깊이 일상에 스며들기를!

쓰레기를 파는 나라
쓰레기를 사는 나라

©아영

Writer. 강희영

여성환경연대 전 활동가. 호기심 많고 은근 성격 급한 슬로워커.
여성환경연대와 17년간 함께 했다. 대안생활문화운동과 국내외 연대사업 등을 주로 담당했다.
핵 없는 세상, 마음껏 숨 쉴 수 있는 사회, 모든 생명이 안전하고 평등한 세상을 꿈꾼다.

우리나라는 1995년부터 쓰레기 종량제를 실시하고 있다. 분리수거율도 매우 높은 편이다. 문제는 재활용률이 높지 않다는 것이다. 플라스틱 재활용을 높이기 위한 규제가 없기 때문이다. 일회용 플라스틱 컵은 전체 수거량의 5%만 재활용된다.

일본의 경우, 플라스틱 회수율이 92.4%에 이른다. 일본에서는 플라스틱 병을 만들 때 한 가지 규격으로 만들어야 한다. 병의 색도 무색투명해야 한다. 한국처럼 다양한 색, 다양한 모양의 페트병은 시장에 나올 수 없는 구조다. 각 제품에 스티커만 달리하여 제품의 개성을 살리고, 재활용률은 높인다. 반면 다양한 규격의 페트병을 생산하는 한국은 부지런히 분리수거를 해도 대부분은 쓰레기가 된다.

한국도
쓰레기 수입국?

2019년 5월, '바젤협약'에서 재활용이 어려운 복합 폐플라스틱, PVC 등을 유해폐기물 항목에 더했다. 지구 환경 보호를 위해 이루어진 이 협약은, 국가 간의 유해폐기물 거래를 규제하는 내용을 담고 있다. 협약에는 폐플라스틱을 수출하기 위해서는 수입국에 사전 보고하고 승낙을 받아야만 한다는 내용도 추가됐다. 환영할 일이다. 그러나 이 협약에 큰 오점이 있다. OECD 국가 간 거래는 예외라는 점이다.

그러니까 일본, 미국은 필리핀에 폐플라스틱을 수출하지 못해도 한국으로는 수출할 수 있다. 우리 국민들은 잘 모르지만, 실제로 한국은 폐플라스틱 수출량보다 수입량이 월등히 많은 나라다.

관세청 자료에 의하면, 2018년 국내로 들어온 플라스틱 폐기물은 15만 1292톤이라고 한다. 수출은 6만 7441톤이니 수출보다 2배 넘는 양을 수입했다. 미국과 일본 등 선진국에서 플라스틱 폐기물을 수입해 재활용하여 재생원료로 만들어 수출한다. 문제는 수입한 플라스틱 폐기물이 모두 재활용되는 것이 아니라 약 10%만 재활용한다[3]는 것이다. 나머지는 고스란히 쓰레기가 된다. 한국은 하루 평균 4500톤의 플라스틱을 배출[4]하는 플라스틱 쓰레기 대국이면서 선진국의 플라스틱 폐기물을 수입하는 아이러니한 나라가 되었다.

플라스틱, 인류 최고의 발명품에서
전 지구의 골칫거리로 전락하다

2018년 봄에 일어난 쓰레기 대란을 기억할 것이다. 이 일로 인해 정해진 날, 정해진 시간에 재활용 쓰레기를 분리배출하면 쓰레기에 대한 의무를 다한 것이라고 생각해왔던 대다수 시민들은 혼란에 빠졌다.

중국의 폐기물 수입 거부가 왜 우리나라의 쓰레기 대란으로 이어진 것일까? 쓰레기를 분리배출하면 바로 재활용되거나 소각되어 사라진다고 생각했는데, 그게 아니었던 말인가?

폐기물 중 단가가 가장 높은 것은 '폐지'이다. 그동안 민간 재활용품 수거업체는 단가가 낮은 폐비닐과 폐플라스틱을 수거하며 발생하는

---

3 중앙일보(2019.07.06), 'OECD발 폐플라스틱 쓰나미 한국 덮치나'
4 통계청, 1996-2017 전국 폐기물 발생 및 처리현황

적자를 폐지 수익으로 상쇄해 왔다. 그런데 중국이 폐기물 수입을 거부하면서, 국내에 유통되는 폐지량이 늘어났고, 폐지 단가는 절반 이하로 떨어졌다. 폐지 처리만으로도 벅찼던 수거업체들은 수익성이 낮은 폐비닐과 폐플라스틱 수거를 거부했다. 가정에서 배출되는 플라스틱과 비닐들은 그대로 골목골목에 쌓였다. 특히 플라스틱은 발생량 자체도 많고, 재활용이 까다로운 혼합 재질 제품이 많아 골칫거리가 되었다.

쓰레기가 되기 전까지 플라스틱은 인류의 편리성과 실용성 덕분에 인류 최대 발명품으로 추앙을 받았다. 최초의 플라스틱은 당구공을 만들 재료를 찾다가 발명되었다고 한다. 아프리카 코끼리의 상아를 깎아 만들던 당구공을 더 많이 만들기 위해 새로운 물질을 찾다가 플라스틱을 발명하게 되었다.

플라스틱은 기존 재질의 장점을 강화하고 단점을 보완하기에 이상적인 대체제이다. 금속이나 도자기에 비해 비중이 작기에 가볍고 강한 제품을 만들 수 있고 투명하고 착색이 자유로워 다양한 디자인으로 만들 수 있다. 성형이 자유로워 정밀한 제품도 만들 수 있다. 무엇보다 저비용 대량생산이 가능하다는 것과 녹슬지 않고 썩지 않는다는 장점이 있다. 그러나 이 장점은 고스란히 단점이 되어 처치 곤란한 쓰레기 존재의 원인이 되었다.

만드는 과정부터
지구를 오염시키는 플라스틱

플라스틱이 발명된 이후 현재까지 91억 톤의 플라스틱이 생산되었다.
2017년 세계 플라스틱 생산량은 3억 4800만 톤. 1950년 150만 톤에서
57년 만에 232배 증가했다.[5] 앞으로 플라스틱 사용량은 더 증가할
추세이다.

　'플라스틱'은 열이나 압력을 가해 성형가공한 수지 제품,
일반적으로 합성수지를 가리킨다. 석유를 증류·가열하여 에틸렌,
프로필렌 등의 분해가스를 만든 뒤 화학반응을 일으켜 만든다.
플라스틱은 폐기 처리될 때 유해물질이 대량으로 발생되며 소각
공장에서는 타지 않은 채 끈끈하게 벽에 달라붙어 소각로에 손상을
입히기도 한다. 또 쓰레기 처리 단계에서는 부피가 커 운송비 부담이
높고, 영원히 썩지 않기 때문에 산과 바다에 그대로 쌓인다. 다른
쓰레기와 뒤섞일 경우 소각할 때 플라스틱 염화비닐에서 염화수소나
맹독성 다이옥신이 발생한다. 해양오염도 무시할 수 없다.[6]

　'플라스틱 제품'은 일반적으로 석유에서 얻을 수 있는 나프타,
천연가스 등을 원료로 하는 합성수지를 말한다. 성형 가공이 쉬워서
대량으로 생산되는데 특히 폴리에틸렌, 폴리스티렌, 폴리염화비닐,
폴리프로필렌은 생산량이 높다. 자연에서 분해되지 않는 플라스틱

5　PlasticEurope(2018), 'Plastics the Facts'
6　환경부 용어사전 인용

쓰레기의 90%가 포장재다.[7]

　　그동안 우리 소비자는 어떤 물건이 어떤 재료로 어떤 과정을 통해
누가 만들고 있는지, 내가 버린 폐기물이 어떤 과정을 통해 어디서
폐기되는지 혹은 재활용, 재사용되는지 크게 관심을 갖지 않았다.
쓰레기 대란으로 인해 일부에서 관심을 갖기 시작했고 플라스틱의
삶에서 탈출을 시도하기 시작했다. 시민들은 에코백, 텀블러, 장바구니,
스테인리스 빨대, 플라스틱 없는 가게 등 일회용 플라스틱 사용을 줄이는
노력을 시작했다. 그러나 개인의 노력으로만 변화를 만들 수는 없다.
정부와 기업이 변해야 한다. 일회용 플라스틱이 아닌 것을 선택하고
구매할 선택지 자체가 없다.

> 선진국의 쓰레기를 떠안는 개발도상국,
> 부자들이 유발한 환경오염 때문에 병드는 가난한 사람들,
> 환경문제로 인한 피해는 평등하지 않다

사회적, 환경적 약자가 환경으로 인해 겪는 환경적 박탈, 환경 불평등
문제를 '환경 정의 문제'라 한다. 빈곤한 지역사회가 환경오염에 과도하게
노출되거나 피해를 겪고 있는 사실에 관심을 갖고 해결하고자 한 것이
바로 '환경 정의'이다.
　　왜 저소득 집단이 거주하는 지역에 환경 유해시설이 집중될까?
누구나 쾌적한 환경에서 살길 원하지만 소각장, 매립장 등과 같은

7 　환경부 용어사전 인용

환경 혐오시설과 위해시설은 저소득층 많이 거주하는 지역에서, 지역 주민의 동의 없이 일방적으로 추진된다. 환경 피해는 환경 약자, 경제적 약자에게 일방적으로 강요된다.

우리는 환경문제가 모든 개인들에게, 나아가 사회의 모든 구성원들에게 피해와 고통을 주는 것으로 인식해 왔다. 그러나 환경문제는 모든 계층, 모든 지역의 사람들, 모든 활동 주체들에게 결코 동일한 영향을 미치고 있지 않다. 부유계층보다 빈곤계층, 남성보다 여성, 청장년층보다 노인이나 아동, 백인보다 유색인, 선진국보다 후진국, 현세대보다 미래세대, 인간보다 생태가 더 많이 피해에 노출되어 있고, 고통을 더 많이 받는다.

쓰레기 문제도 마찬가지다. 플라스틱의 편리함과 효율성, 쾌적함은 맘껏 누리고 감당할 수 없을 만큼의 양을 매일 쏟아내면서 그 처리는 가난한 이들에게 가난한 나라에 전가하고 있다. 선진국이 사용한 플라스틱은 엉뚱하게 개발도상국에서 최후를 맞는다. 마음껏 버린 자들은 세계 일회용품들의 쓰레기장이 된 개발도상국의 해양 오염 문제를 지적한다.

2019년 2월, 필리핀 시민들은 '한국의 쓰레기, 한국으로 가져가라' 피켓을 들었다. 2018년 필리핀으로 불법 수출한 플라스틱 폐기물 1400톤은 결국 한국으로 돌아왔다. 쓰레기 대란 이후 부끄러운 광경을 다시 보게 된 사건이다. 그들은 "한국 같은 선진국이 플라스틱 쓰레기 문제를 필리핀과 같은 개발도상국에 떠넘기는 것은 정의롭지 못한 일"이라며 "한국 정부의 책임 있는 조치와 재발 방지 대책을 강력하게 요구"했다. 그리고 2019년 5월, 플라스틱을 수입국에 사전 보고하고 승낙 받아야만 수출할 수 있다는 바젤협약 개정문이 선언된다.

처리할 수 없는 양의 일회용 플라스틱을 소비하고 뒷감당은 경제적 약자인 개발도상국에 책임을 전가하는 것은 부끄러운 일이다. 한국은 2018년 전체 폐플라스틱 수출량 67,441톤 중 동남아시아 5개국(베트남, 말레이시아, 필리핀, 태국, 인도네시아)에 53,461톤, 전체 양의 80%에 달하는 플라스틱 쓰레기를 수출했다.[8]

플라스틱 문제,
처리보다는 사용하지 않는 방법을 고민해야

그러면 어떻게 해야 할까? 지속가능한 생산과 소비는 어떻게 현실화할 수 있을까? 재활용과 재사용보다 더 우선해야 할 것은 바로 발생을 줄이는 것이다. 모든 국가의 유해 폐기물과 기타 폐기물 발생을 줄여야 한다. 현재 배출되는 생산량과 폐기물 양은 그대로 두고 처리 시설만 개선한다면 폐기물을 줄이는 데 진전을 이룰 수 없다. 생산량 자체를 줄이는 것이 필수적으로 선행되어야 근본적인 변화를 이끌 수 있다. 재활용, 재사용 이전에 감축이 우선되어야 한다. 내구성과 재사용성, 재활용성을 향상시키는 것을 포함하여 플라스틱 폐기물의 발생을 최소화해야 한다. 플라스틱 쓰레기는 잠재적으로 유해한 물질을 함유하고 있거나 유해물질에 의해 오염되거나 유해폐기물과

8 그린피스 서울 뉴스레터(2019.02)

혼합되어 해양과 육지 생물을 포함한 건강과 환경에 위험을 초래할 수 있다. 플라스틱 제품에 잔류하는 유기 오염 물질의 사용을 제거하거나 통제하고 독성 화학 첨가물을 단계적으로 제거하고 금지하는 정책이 필요하다. 특히 일회용 플라스틱과 관련하여 플라스틱 폐기물의 예방과 최소화에 관한 정책과 규제, 전략 개발을 마련해야 한다.

　　이번 바젤협약도 예외 없이 OECD 가입국 모든 국가들이 이를 비준해야 한다. 만장일치로 통과된 바젤협약의 폐플라스틱 규제를 반대한 일부 산업계는 OECD 국가 내에서 순환경제를 부흥한다는 명목으로 이에 반대하고 있다. 여성환경연대를 비롯한 시민사회는 "한국을 비롯해 바젤협약에 가입한 국가들은 바로 순환경제를 위해서라도 산업계의 논리에 반대하고 바젤협약 개정을 적용해야 한다."[9]고 요구하였다.

　　여러 시민단체들의 노력으로 OECD 회원국 내에서도 폐기물 수출시 수입국의 사전동의절차(PIC)를 시행해 폐플라스틱의 환경친화적 관리(ESM) 방안을 마련하게 되었다. 더 나아가 환경단체[10]는 정부에 '폐기물의 국가 간 이동 및 그 처리에 관한 법률 시행령'의 조속한 법제화와 고품질 재활용 생산과 확산을 위한 인프라 구축과 예산 확보, 기술 지원 등 국내에서 발생하는 폐플라스틱의 재활용률을 높이고, 폐플라스틱의 수입을 막기 위한 정책과 제도 마련을 요구하고 있다.

9　한국환경회의−발암물질없는국민행동 (2019.07.03), 'OECD 바젤협정 논의 관련 공문', 매거진 쓸, 알맹
10　자원순환사회연대−환경운동연합 (2019.07.28), '정부는 폐플라스틱 수입을 당장 중단하라!'

2

body

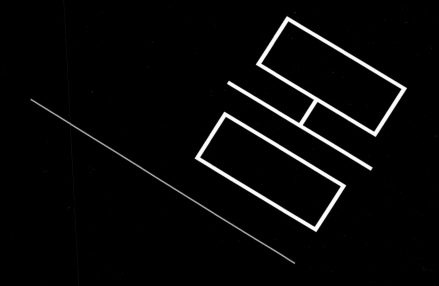

전쟁터가 된 여성의 몸

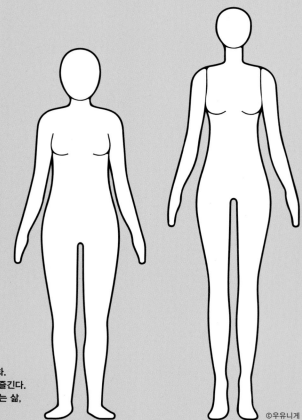

Writer. 경진주
여성환경연대 활동가.
한낮의 카페. 목욕탕. 커피. 책. 만화.
읽을거리를 끼고 돌아다니는 것을 즐긴다.
함께 사는 삶, 지구에 폐를 덜 끼치는 삶,
조화롭고 단단한 삶을 살고 싶다.

ⓒ우유니게

누구의 것도 아닌, 그래서 공동체나 공동체에 속한 개개인이 나누고 공유할 수 있었던 물, 토지, 풍경 같은 것조차 끊임없이 상품화되는 세상이다. 하물며 식탁 위의 음식, 내 몸에 걸치고 사용하는 물건은 말할 것도 없다. '소비사회'라는 말로는 부족할 정도다.

우리는 어릴 때부터 줄곧 돈으로 살 수 있는 물건의 다양함, 할 수 있는 경험의 차이에 대해 주입받으며 성장했다. 그래서일까, 우리 사회에는 돈을 가능한 많이 벌고, 그 돈으로 더 좋은 무언가를 구매하는 것을 삶의 자연스러운 목표로 여기는 이들이 많다.

이런 세상에서 '몸' 역시 팔고 팔리는 재화−서비스 상품의 일부가 되었다. 다이어트나 미용, 성형, 헬스 같은 각종 산업의 중심에 몸이 존재한다. 몸을 이용해 돈을 버는 기업들은 몸을 가꾸고, 관리하고, 바꾸는 것 역시 소비 행위로 가능하며, 마땅히 수행해야 할 삶의 과제라고 말한다. 그렇게 몸은 소비의 주체이면서, 동시에 더 나은 사회적 조건을 획득하기 위한 투자의 대상이 되었다.

'꾸미기'나 '관리'라는 명분으로 몸을 쉽게 바꿔내야 하고, 그럴 수 있다고 믿는 사회. 어쩌면 우리는 플라스틱 사회에서, 플라스틱 몸으로 살아가는 것이 아닐까. 얼마든지 쉽고 빠르게 바꾸고 변형하여 쓰고 버리니 말이다. 소비사회, 신자유주의 경제체제에서 여성의 몸은 여전히 전쟁터이다. 석유 문명, 유해화학물질이 알게 모르게 쌓이는 저장터로서, 그리고 얼마든지 바꿔낼 수 있다고 믿는 관리 대상이자 생존 전략의 장으로서….

다음 페이지에서는 정치, 경제, 사회적 이익의 충돌로 전쟁터가 된 여성의 몸에 대해 알아본다.

#얼굴 학생답게, 소녀답게, 직장인답게 꾸미지 않으면, 무례하다? 누가 아름다움의 기준을 정하는 걸까?

#머리카락 찰랑거리는 긴 생머리가 매력적인 여성의 조건이라고?

#가슴1 브래지어는 여성의 필수품일까? 노브라로 다니면 왜 안 돼? #가슴2 야간에 일하는 여성에게 유방암 발병률이 더 높은 이유는? 영수증을 만지고 난 뒤에는 꼭 손을 씻어야 한다? #생식기 어

NO MORE CORSET

디까지 아름다워져야 할까? 나는 나의 성기 모양을 제대로 알고 있을까? #여성위생용품 여성청결제에 유해한 화학 성분이 들어 있다고? 자극물 질에 더 민감한 외음부와 질에 꼭 화장품을 써야 해? #자궁 왜 '월경' 혹은 '생리'라는 말 대신 '그 날'이라는 단어를 쓸까? 우리 몸에도 좋고 환경도 오염시키지 않는 '착한' 생리대는 없을까? 『여성의 몸에 새겨진 수만 가지 편견들』

YES!
IT'S MY
VAGINA!

얼굴

⋯→ 여성은 '얼굴'에 대해 끊임없는 요구를 받는다. 청소년기에는 화장은 되도록 하지 말고 대신 '학생답게' '소녀답게' 꾸미라 하고, 성인이 되어서는 일상, 일터에서 화장과 꾸밈을 '예의'로 여기며 꾸미지 않음을 '무례함'으로 간주하는 환경에 내몰린다.

누가 아름다움의 기준을 정하는 걸까? 꾸밀 자유는 있지만, 꾸미지 않을 자유가 없는 현실을 깨닫고 나서야 사회가 요구하는 '미적 기준'이 과연 누구의 요구인지 되묻게 된다.

가슴1

⋯→ 얼마 전 TV프로그램에 출연한 연예인 '설리'의 발언이 화제가 되었다. 종종 '노브라' 사진으로 화제에 오르고 악플에 시달리는 그는 브래지어를 '액세서리'로 생각한다며, 노브라를 '단지 내가 편해서 한 것이다'고 이야기했다.

사실 대부분의 여성은 이미 알고 있고, 충분히 공감할 것이다. 가슴을 모아주거나 단단하게 받쳐주기 위한 브래지어가 얼마나 불편한지 긴 시간 경험해왔으니까. 특히, 와이어가 들어간 브래지어는 가슴을 답답하게 조이고 가슴 주변 림프선을 압박해 혈액 순환을 방해한다. 와이어가 있는 브래지어만큼은 피하기, 집에 있거나 잠잘 때만이라도 브래지어를 하지 않기 등 크고 작은 일상의 실천을 하는 사람들도 그만큼 늘어났다.

자궁

⋯→ 월경하는 여성의 몸은 쉽사리 드러나지 않는다. 2019년에서야 일회용 생리대 광고에 '그날' 대신 '생리'라는 단어가 직접 언급되었을 정도다. 일회용 생리대 광고에서 '깨끗하게, 맑게, 자신 있게' 라는 문구를 보고 자라며 우리는 불편하거나 아파도 티 내지 않고, 남들과 똑같이 공부하고 일하며 월경 기간을 통과하는 것을 당연하게 여기게 되었다. 하지만 2017년 일회용 생리대 유해성 논란 이후, 수많은 이들이 '괜찮지 않다'며 목소리를 냈다.

누구나 건강하고 안전한, 자유로운 월경 기간을 보낼 권리가 있다. 일회용 생리대의 건강 영향성, 여성의 몸에 대한 연구 부족은 생리통, 자궁내막증 등 월경과 여성 건강에 대한 인식 부족으로 이어진다. 일회용 생리대 사용으로 피부질환, 생리통 등 건강 문제를 겪을 때 찾을 수 있는 대안 역시 부족하다. 일회용이 아닌 다회용 월경용품 사용법, 불필요한 화학물질과 플라스틱 쓰레기를 최소화해 우리 몸뿐만 아니라 생태 환경에도 좋은 월경용품 사용에 대한 정보가 더 많이 제공되어야 한다. 여성의 몸에 대한 좀 더 많은 연구와 교육이 이루어져야, 더 자주 공론장에서 논의가 가능해질 것이다.

생식기

⋯→ 흔히 볼 수 있는 산부인과 '질 성형' 광고. 여성 건강, 남녀 관계를 개선한다는 문구가 대부분이다. 머리끝부터 발끝까지 수많은 신체 부위를 아름답고 청결하게 관리하라는 메시지에 이제는 생식기까지도 포함되었다. 여성은 자신의 성기 모양이 '정상'인지 '비정상'인지 의문을 갖고, 꽃처럼 아름다운 모양이나 향기를 지닌 상태를 유지해야 할 것만 같은 압박을 받는다. 음순과 클리토리스의 크기, 모양, 색 등 사람마다 다른 성기 모양이 그 자체로, 제대로 알려질 기회가 없다. 미디어에서 만들어진 이미지만 우리 주변을 맴돌 뿐이다.

머리카락

⋯➤ 탈코(탈 코르셋) 운동으로 여성의 긴 머리카락을 짧게 자르는 시도와 온라인 인증이 끊임없이 이어졌다. 꾸밀 자유와 권력이 과연 누구에게 있는가를 묻고, 사회에서 요구하는 '여성성' '꾸밈'을 거부하는 실천. 머리카락 길이뿐만이 아니다. 머리카락의 촉감, 색깔, 청결도 등 수많은 기준이 뒤따른다. 좀 더 부드러워야 하고, '나이듦'을 상징하는 새치 한 올 없는, 기름기 없이 깔끔한 머리카락. 여성의 몸에 유독 더 엄격한 청결과 위생 관념, 세부적인 기준은 끝도 없다.

가슴2

⋯➤ 전쟁터가 된 여성의 몸, 가슴에 관해 할 이야기가 브래지어만 있는 것은 아니다. 유해화학물질이 알게 모르게 쌓이는 저장터로서, 여성 건강의 문제 역시 들여다봐야 한다. 2016년 국가암등록통계에 따르면, 여성암 발병률 1위는 유방암이다. WHO 산하 국제암연구소(IARC)에서는 유방암과 관련한 직업적 요인으로 X선·감마선·에틸렌 옥사이드·교대근무 등을 지정했다. 여성 노동자가 많은 반도체 생산라인부터 야간 근무가 잦은 간호사, 비스페놀A(영수증 표면 발색촉매제로 사용되는 환경호르몬–합성화학물질)가 묻은 영수증을 수없이 만져야 하는 판매대 여성노동자. 늦은 밤까지 환하게 불 켜놓고 영업하는 각종 음식점과 카페, 편의점. 연간 2000시간이 넘는 장시간 노동이 흔한 풍경이 된 한국에서 여성 노동자의 건강은 단순히 개인의 문제로만 볼 수 없다.

여성위생용품

⋯➤ 미국 비영리단체 '지구를 위한 여성의 목소리(WOMEN'S VOICES FOR THE EARTH)'는 2017년 여성청결제 '썸머스이브의 기만(Summer's Deceive)'이라는 이름으로 캠페인을 진행했다. 이들은 'Toxic Box'라는 표현을 사용하며, 청결제에 포함된 화학성분을 밝히고 유해성을 알렸다. 여성 질과 외음부의 청결, 상쾌한 기분을 느끼며 자신감을 높여준다는 효과를 강조하는 여성용 청결티슈(Feminine Wipes), 여성 청결제(Feminine Wash), 질세정제(Douche) 등 '여성위생용품'은 미국에서 30억 달러 규모의 시장을 차지한다. 한국 역시 '여성위생용품' 사용이 증가하고 있다. 한국보건산업진흥원이 2016년 12월 발간한 '화장품산업 분석 보고서'에 따르면, 국내 여성청결제 시장은 2011년부터 연평균 5.8%씩 성장해 2015년 기준 240억 원 규모로 성장했다.
'여성위생용품'에 사용되는 대부분의 화학물질은 다른 화장품에도 공통적으로 들어가 있다. 그러나 '여성위생용품'은 일반 화장품과 달리 신체에서 가장 민감한 외음부와 질 부위에 사용된다. 외음부와 질의 조직은 다른 신체 부위의 피부에 비해 더 촉촉하고 침투성이 높다. 이는 외음부와 질 조직이 유해물질과 자극물질에 노출되었을 때 더 민감할 수 있음을 의미한다. 마찬가지로 '여성위생용품'에 들어 있는 '환경호르몬'이 질에 노출될 경우, 신체의 다른 부분보다 더 높은 수준으로 노출된다. 하지만 이러한 여성 건강문제, 여성위생용품의 잠재적 위험성이 우리 사회에서 충분히 알려져 있지 않다. 여성 생식기에 요구되는 적절한 모양, 청결도, 좋은 향기 등 만들어진 바디 이미지와 우리가 이를 위해 구입할 수 있는 상품, 병원 시술 같은 처치에 비해 여성 건강문제와 잠재적 위험을 알리는 정보는 너무나도 부족하다.

화장
권하는
사회

Writer. 모아나
햇살과 바다를 사랑하는 페미니스트.
나고 자란 동네에서 활동가로 살고 있는
행운아다. 따뜻한 바닷가 동네에서 살
기회를 호시탐탐 노리고 있으며,
맛있는 커피 한잔을 앞에 두고 있을 때와
멋진 여성의 서사가 담긴 미디어를
발견했을 때 제일 행복하다.

어린이날 선물로 다섯 살 안팎의 아이에게 화장가방을 선물한다.
최근 들어 화장대 혹은 화장가방은 여아용 추천 선물 리스트에서
꾸준히 상위권을 차지하고 있다. 유아용이라고 해도 이제는 더 이상
플라스틱 모형만 들어 있는 것이 아니다. 쿠션, 팩트가 들어 있고
색색깔의 아이섀도와 립스틱, 네일, 블러셔가 함께 있다. 구성품들은
실제 발색이 되는 제품들이고 그러니 어른을 모방하는 역할놀이용
장난감이라기보다는 그냥 화장품이다. 인터넷에는 아이가 너무 마음에
들어한 나머지 유치원에 갈 때도 매일매일 화장을 한다거나 아이가 한
시간 째 거울 앞이라는 구매 후기들이 널려 있다.

　　입장료를 내면 몇 벌이고 원하는 만큼 드레스를 바꿔 입을 수 있고
피부 마사지를 받은 후 파우더룸에 앉아 화장을 한없이 계속 할 수 있는
키즈카페도 등장했다. 자리에 앉아 능숙한 손길로 색조화장품을 척척
사용하는 당당함과 이를 어설프게 슬쩍슬쩍 따라하는 부러운 눈빛이
묘하게 오고가는 이 키즈카페 역시 학령기 전 아이들을 대상으로 하는
곳이다.

　　한국산 화장품은 언제부턴가 'K-뷰티'라는 이름으로 다른
나라에까지 이름을 날리고 있으며 유튜브에는 코리안스타일의 화장법을
시연하거나 한국 상품을 소개하는 영상이 줄을 잇는다. 우리나라가
이렇게까지 화장으로 유명한 위치를 차지하게 된 배경은 무엇일까?

그리고 그 과열된 화장 문화 안에서 위협받고 있는 여성들의 몸과 마음은
괜찮은 걸까?

몸 구석구석까지
뽀얗고 아름답게 꾸미길
강요당하는 여성들

한 포털 사이트의 메인 화면에 하루 종일 팔꿈치가 보인다. 클릭해서
들어가 보니 미백기능을 강조한 화장품 광고였다. 얼굴은 기본이되,
팔꿈치나 무릎도 놓치지 말고 신경 써야 한다며 뽀얀 피부의 중요성을
구구절절하게도 적어놓았다. 몇 년 전 한 화장품 회사가 남자에게
사랑받으려면 유두가 까매지지 않도록 핑크빛으로 관리하라는 광고를
냈다가 여론의 호된 질타를 받고 제품 소개를 내렸는데 잠깐 시간이
지나고 나니 바디용 미백 제품이 집중 공략하는 신체 부위만 바꾼 채 다시
광고를 시작하고 있다.

환경이 달라지고 나이가 달라지고 식습관이 달라지면 몸은 항상
변하건만 늘 자신의 몸을 점검해서 변하지 않도록, 특히 누가 정한
것인지도 모르는 이상향에서 멀어지지 않도록 관리해야 한다는 압력은
끈질기게도 우리의 몸과 마음을 괴롭힌다. 여성에게 가해지는 외모
가꾸기의 압박은 갈비뼈를 부러트릴 정도의 코르셋이나, 발의 모양을
변형시키는 전족처럼 실제로 여성의 몸 건강을 심각하게 손상시키기도
했다.

왜 우리는
내 몸에 만족하지 못할까?

거식증의 위험성을 알리던 모델 이사벨 카로의 죽음 이후로 패션계의 일부는 변화의 모습을 보이기도 했다. 스페인, 이스라엘에 이어 프랑스에서도 모델의 BMI지수가 일정 수준이 되어야만 런웨이에 설 수 있도록 하는 법안을 마련했으며 덴마크에서는 너무 마른 몸을 가진 모델의 사진을 잡지의 커버에 사용했다가 공식적으로 사과를 하는 일도 벌어졌다. 많은 나라에서 극도의 마른 몸이 미의 상징이 되고, 마른 몸을 동경하게 만드는 문화를 막기 위해 노력하는 중이다.

우리나라에서도 한참 TV에 나오던 아이돌이 거식증의 치료를 이유로 갑자기 활동을 멈추기도 한다. 그럴 때마다 언론은 외모에 집착하는 문화의 어두운 면을 잠깐 언급하는 듯하지만 책임은 외면한다. 그러니 거식증에 걸리고 싶은데 제발 방법 좀 알려달라는 고민 글이 꾸준하게 온라인에 등장한다.

거식증, 폭식증과 같은 식이장애를 고민하는 사람들이 모인 온라인카페가 생긴 지 십 년이 넘었다. 함께 모여 위로도 받고 응원도 주고받자는 취지로 만든 공간이지만 슬프게도 어떤 방문자들은 오히려 극단적인 정보를 얻어가거나 다른 사람의 몸과 자신을 더욱 비교하게 되는 부작용을 경험한다. 치유를 위해 찾아간 곳에서 더욱 자극을 받게 되는 아이러니는 몸에 대한 강박을 놓기가 얼마나 어려운 지를 잘 설명해준다. 외모가 자본이 된 사회에서 여성들은 스스로의 몸에 만족하기가 너무 어렵다.

여성환경연대는 자신의 몸을 꾸미고 관리하고 또 유행에 따라
바꿔내라고 강요하는 이 사회에 브레이크를 걸고자 새로운 운동을
기획했다. 외모에 대해 끊임없이 관심을 갖는 문화에 '왜?'라는 의문을
던지고, 내 몸에 대한 타인의 불필요한 간섭에는 '뭐!'라고 화 낼 수 있는
변화를 기대하며 '외모?왜뭐!' 프로젝트를 시작했다.

다양한 몸에 대해
진지하게 생각할 기회를 갖다

미디어에서 잠깐 눈을 돌려 주변을 바라보면 우리는 훨씬 다양한 여성의
몸을 만날 수 있다. 그렇지만 나이가 들거나 휠체어에 앉아 있거나
피부색이 다르거나 개성 넘치는 옷차림을 한 사람들은 대중매체나
TV화면에서 만나기 어렵다. 기껏 등장한대도 본인의 이야기를 들려줄
기회를 갖기보단 조롱의 대상이 되기 일쑤다.

그래서 외모?왜뭐! 워크숍에서는 잘 드러나지 않는 몸을 찾아내기
위해 <This girl can>과 같이 다양한 몸의 여성이 등장하는 미디어를
함께 보고, '래밀리'처럼 평범한 사람들의 몸을 구현한 인형을 상상해보는
모둠작업을 진행했다.

워크숍에 참석한 청소년들은 짧은 머리에 농구조끼를 입은 여자,
튼살 흉터가 있는 임신부, 의족을 착용한 소년과 같이 다양한 모습의
인형을 그림으로 표현했다. 또한 성차별적 광고들을 찾아내 이를
비틀어보는 작업도 해보았다.

청소녀들의 기발한 상상력을 거쳐 다이어트 광고에 있던 '엄마,

창피하니까 학교 오지마'라는 문구는 '엄마, 이번 상담은 아빠 차례니까 학교 오지마'로 바뀌고, 피부관리 광고에 등장하는 '주름진 손'은 학교폭력의 피해자에게 건네는 따뜻한 '위로의 손'으로 멋지게 변신했다.

여성의 몸을 조롱하는 광고들을 패러디하면서 돌봄이나 폭력의 문제까지 토론의 주제가 확대되는 것도 흥미로웠지만, 워크숍에 참여한 청소년들이 진심으로 통쾌해 한다는 점은 더욱 인상적이었다.

막 초등학생이 됐을 무렵 <사랑받는 리더가 될 거야>, <예뻐지는 10kg다이어트>와 같은 소녀교양 만화책을 열심히 읽었고, 조금 더 커서 컴퓨터를 만지기 시작했을 땐 캐릭터의 머리, 얼굴, 옷차림을 세팅한 뒤 얼평, 몸평을 받는 게임을 한참 했으며 더 커서는 아동복보다도 작은 교복 블라우스에 몸을 맞춰야 했던 일들을 돌아보며 참가자들은 실소를 터뜨리거나 때때로 분노의 감정을 표출했다.

무심코 들어왔던 노래 가사나 웹툰의 줄거리, 개그의 소재는 결코 그냥 흘러지나가는 것이 아니었다. 우리의 몸과 마음 속에 슬그머니, 그리고 촘촘하게 자리를 잡아버려서 어느새 스스로가 내 몸을 '나의 것'이라기보다 누군가에게 '보여지는 대상'이라고 인식하게 만들고 있었다. 나를 웃게 만들었던 예능프로그램, 신나는 에너지를 나눠주던 노래가 이런 문제를 더 키우고 있었다는 사실은 때로 우리 마음을 무겁게 만들기도 했지만 앞으로 바꿔나가야 할 것들을 명확하게 짚어가는 과정이기도 했다.

2016년부터 여성환경연대는 평균치와 멀어도 너무 먼 몸을 전시하는 마네킹을 문제라고 지적해왔다. 법으로 갖추게 되어 있음에도 불구하고 슬그머니 자리를 뺏긴, S, M, L 외의 다른 사이즈 옷을 매장에 가져다 놓으라고 공문을 보내고, 마론인형의 얼굴을 리페인팅하고, 여성의 가슴에 대한 대상화된 시선을 비판하며 '유두가 왜?뭐!' 스티커를 만드는 등 크고 작은 촘촘한 활동을 이어나가고 있다.

내 몸의 생김새보다
내 몸의 역할과 기능에 대해
더 많이 생각하기

나의 몸은 내가 사는 공간이며, 나로서 기능하게 하는 가장 기본적인 도구다. 이런 고마운 몸이 평가의 대상이 되거나, 안 보이는 척, 없는 셈 쳐야 하는 사회에서 자존감을 지키며 산다는 것은 불가능에 가깝다.

누군가는 여성에게 시간과 돈과 에너지를 써서 몸을 가꾸면 된다고 이야기하지만, 대체로 그 목표치는 정상적인 범주에 있지 않다. 구성원의 대다수가 실현 불가능한 지정 외모를 갖추기 위해 노력을 쏟는다는 것 자체가 어마어마한 사회적 낭비일 수도 있다.

자신의 몸을 검열하는 데 사용하던 에너지를 이 사회를 바꾸는 데 쓰게 된다면 어떤 일이 벌어질까? 몸매를 바라보는 대신, 몸이 가진 능력치에 집중한다면 조금 더 많은 사람들이 '나다운 몸'으로 행복하게 살 수 있지 않을까.

몸은 곧 자신이고 다른 몸에 대한 존중은 곧 다른 이에 대한 존중이다. 다른 사람에 대해 함부로 비교하거나 평가하는 태도가 옳지 않다면 다른 사람의 몸에 대해 쉽게 왈가왈부하는 것 또한 없어져야 하는 문화가 맞다. 우리 가게의 커피가 얼마나 특별한지 맛있는지를 광고하는 것이 아니라 '커피는 살 안 쪄 괜찮아'라고 써붙인 여대 앞의 한 커피숍을 보며 '이 운동을 앞으로도 오래오래 해야 되겠구나'라는 다짐을 해본다. 우리는 당신이 생각하는 것보다 훨씬 더 많은 것에 관심을 갖고 있으며 실제로 많은 것을 알고 있고 또한 점점 더 많은 이들이 이전과는 다른 관심과 태도로 몸을 대할 것이라고, 그러니 더 늦기 전에 이 변화에 탑승하라고 사회에 말하고 싶다.

　　더불어 여성 출연자의 몸을 훑어 내리는 카메라의 시선에, 여름 몸매를 준비하라는 광고에, '살 빠졌네!'를 최고의 칭찬으로 알고 있는 누군가에게, 시원하게 되돌려줄 반격의 말을 저마다 하나씩 만들어보길 제안한다. 그렇다면 적어도 당신의 세상은 변할 것이라고 확신한다.

옷을 입은 모습을 상상해볼 수 있도록
만들어진 마네킹. 하지만 마네킹의
몸은 우리와 너무 다릅니다.
왜 마네킹 몸에 맞춰서 우리의 모습을
상상해야 하나요?
우리 몸을 닮은 마네킹, 우리 상상을
얽매지 않는 마네킹이 필요합니다.

문제는 마네킹이야

#외모왜뭐 #몸매왜뭐 #bodypositive

한국여성과 마네킹의
표준체형 비교
(단위 cm)

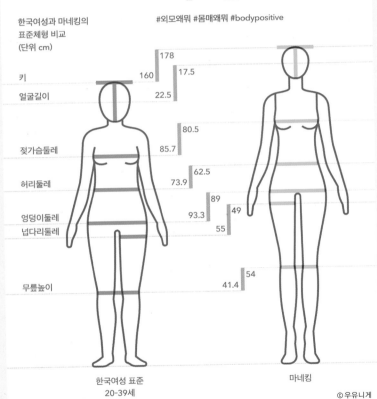

	한국여성 표준	마네킹
키	160	178
얼굴길이	22.5	17.5
젖가슴둘레	85.7	80.5
허리둘레	73.9	62.5
엉덩이둘레	93.3	89
넙다리둘레	55	49
무릎높이	41.4	54

한국여성 표준
20-39세

마네킹

ⓒ우유니게

2XL 입을 사람
나야 나!

다양한 몸,
다양한사이즈

문제는
마네킹
이야 #외모
앤뭐

마네킹은 누구의 몸일까?
과연 진짜 우리의 몸일까?

길거리의 의류 매장에서는 환상 속의 몸매를 가진
마네킹만을 진열한다. 마네킹의 획일적인 크기는 그에
맞는 옷만을 생산하고, 구비하게 만든다. 결국 마네킹의
체형은 그 자체로 압박이 되고 있다. 옷을 사고 싶다면,
'표준'의 틀에 들어서고 싶다면, 마네킹의 체형을
갖추라는 암묵적인 폭력인 것이다.

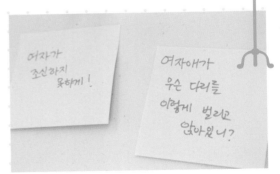

여자가
조신하지
못하게!

여자애가
무슨 다리를
이렇게 벌리고
앉아있니?

[CHECK LIST]
외모 중심 사회를 바꾸기 위한 노력, 얼마나 하고 계신가요?

	매우 그렇다	약간 그렇다	보통이다	약간 그렇지 않다	전혀 그렇지 않다
미디어를 대할 때 나는 …					
몸집이 큰 사람을 조롱하거나, 마른 몸을 과시하는 예능프로그램을 보지 않는다.	1	2	3	4	5
여성의 몸을 성적으로 대상화하는 프로그램을 발견하면 시청자 게시판이나 댓글, 이메일을 통해 적극적으로 반대 의견을 전달한다.	1	2	3	4	5
다양한 몸을 가진 사람들이 주인공으로 등장하는 미디어를 적극적으로 소비한다.	1	2	3	4	5
온라인 공간에서 여성의 몸에 대한 편견이 담긴 컨텐츠를 발견하면 반대, 신고, 삭제 요청 등을 적극적으로 표시한다.	1	2	3	4	5
다른 사람들과 대화할 때 나는 …					
'살 좀 빼면 좋을텐데' 처럼 상대방의 외모를 지적하는 말을 하지 않는다.	1	2	3	4	5
'OO은 키가 커서 좋겠다'처럼 몸의 특성을 부러워하거나 선망하는 말을 하지 않는다.	1	2	3	4	5
개인의 호기심이나 흥미, 경험보다 외모관리를 중요하게 언급하지 않는다.	1	2	3	4	5
시술이나 수술과 같이 유행에 맞춰 외모를 변형시키는 일을 당연하게 여기지 않는다.	1	2	3	4	5
특정한 몸을 비하하는 욕설이나 혐오표현을 사용하지 않는다.	1	2	3	4	5
'예쁘다'는 칭찬이 좋은 관계를 만드는 데 도움이 되지 않는다고 생각한다.	1	2	3	4	5
성역할에 따른 고정관념에 대해 나는 …					
여자에게 어울리는 옷차림이나 외모가 따로 있다고 생각하지 않는다.	1	2	3	4	5
동생이나 조카에게 애교를 강요하지 않는다.	1	2	3	4	5
여자아이에게 더 많은 몸 놀이 활동이 필요하다고 생각한다.	1	2	3	4	5
어린이 허용복을 분홍과 파랑으로만 만드는 것은 문제라고 생각한다.	1	2	3	4	5

누구나 자유롭게 월경할 권리

Writer. 이안소영

여성환경연대 사무처장. 2003년부터 에코페미니즘 담론 개발과 확산, 여성환경건강 운동 등을 주로 해왔다. 최근 몇 년간 일상의 자급 예술과 손노동, 기타 치며 놀기, 새 물건 사지 않기, 경제 성장에 기대지 않고 돌보고 행복해지는 법 찾기 등에 골몰하고 있다.

"그날에도 멈추지 마세요.

그날에도 자신 있게 흰 옷을 입으세요.

그날에도 우리는 빛나야 하니까."

"아프고 신경질 나, 뭘 입어도 불안해.

아무 것도 하기 싫어.

아무 것도 하지 않아도 괜찮아."

얼마 전 한 생리대 광고가 여성들 사이에서 입소문을 탔다.
그동안 모든 생리대 광고에서 월경을 '그날' 혹은 '마법의 날'이라 칭하며
그저 깨끗하고 순수하게 포장하기 바빴던 반면, 이 광고에서는 홀로
남아 야근하던 여성이 노트북을 힘껏 덮으면서 '생리'라는 단어를 직접
언급한다. 월경에 대한 여성들의 솔직한 심정을 표현한 이 광고는 많은
이들의 공감을 샀다.

'월경'에 대한
두 가지 시선

가부장제 아래서 오랜 세월 동안 여성은 '월경'을 한다는 이유로
감정적이고 변덕스럽고 '자연'에 가까우며, 이성적이고 합리적인 판단을
해야 하는 정치, 경제, 과학 등 공적 영역에는 적합하지 않은 몸을
가졌다고 배제되었다. 그래서 우리는 '월경하는 몸'이지만 '월경하지 않는
몸'처럼 365일 동일한 속도와 효율성으로 공부하고 일하고 연애도 해야
한다. 그럴 때 정상성을 획득하며 '남성'처럼 될 수 있고 평등해진다고

생각하며 여성으로서의 '몸'을 무리하게 다그쳤다.

공개된 장소에서 생리대, 월경을 말하는 것이 전보다
자연스러워졌지만, 여전히 많은 경우 '딸기데이', '그거', '그날', '반상회'
등으로 표현한다. 월경하는 몸은 생산성이 결여되어 노동하는 몸에는
적합하지 않은 신체로 여겨지고, 월경이 멈추는 시기를 '폐경'이라 칭하며
문제시하고 끊임없이 관리하고 치료받아야 할 질병으로 취급받는다.
월경하는 몸을 부정하지 않는 동시에, 월경이라는 차이를 핑계로 여성을
중요한 역사와 경험에서 배제하지 않는 사회 인식과 문화, 제도가
필요하다.

깨끗하고 맑고 순수하지만은 않은 생리대

일회용 생리대가 등장한 건 산업혁명 후, 여성들의 사회 활동이
활발해지기 시작한 20세기 초다.

일회용 생리대가 여성의 사회 참여를 이끌어냈다는 점을 부정할
수 없다. 일회용 생리대는 '월경'이라는, 인간이 조절하고 관리할
수 없는 자연 현상에 구애받지 않고 이동할 자유를 주어 2차 대전
후 노동 시장에서 남성의 빈 자리를 채우는 데 기여했다. 하지만 이
간편함 뒤에는 심각한 비밀이 숨겨져 있다. 이젠 잘 알려진 것처럼,
일회용 생리대에 포함된 펄프, 흡수체, 표백제, 인공향료 등에는
각종 유해물질이 들어 있기 때문이다. 1960년대부터 50년이 넘도록
써온 생리대. 그러나 생리대 안전성에 대한 제대로 된 연구는 한 건도

이루어지지 않았다.

생리대와 맞닿는 질 주변의 피부는 일반 피부와 다른 특성을
가졌다. 딱딱하게 각질화되지 않고, 생식기관 쪽으로 흐르는
혈류량도 많고 활발하기 때문에 독성물질이 쉽게 흡수된다.

여성의 몸뿐 아니라
자연까지 해치다

일회용 생리대가 여성 건강에만 악영향을 미치는 건 아니다. 한 사람이
13세부터 50세까지 약 37년 동안 한달에 5일 하루 평균 5개의 생리대를
쓴다고 가정하면, 우리는 평생 약 11,000개의 생리대를 사용하게 된다.

11,000개의 생리대를 생산하기 위해 매년 여의도만한 숲이
파괴된다는 계산도 나왔다. 탐폰 사용자가 대부분인 북미지역의
연간 탐폰 어플리케이터 폐기량은 2백만 개. 탐폰 하나를 쓰는 데
3~4시간이 걸리고, 플라스틱 어플리케이터가 썩는 시간은 500년이다.

생리대와 탐폰은 많은 부분이 플라스틱으로 만들어진다.
일회용 생리대 소재는 펄프와 플라스틱으로 한 개당 약 23g의 탄소가
발생한다는 조사도 있다. 그러나 일회용 생리대 안에도 플라스틱
재료가 들어간다는 사실은 대부분의 사람이 인식하지 못한 채
사용한다.

어떻게 하면 여성의 몸이 불필요한 화학물질에 노출되지 않고,
불필요한 플라스틱 쓰레기를 양산하지 않으면서 건강하게 월경기간을
보낼 수 있을까? 우리는 이 점이 고민스러웠다.

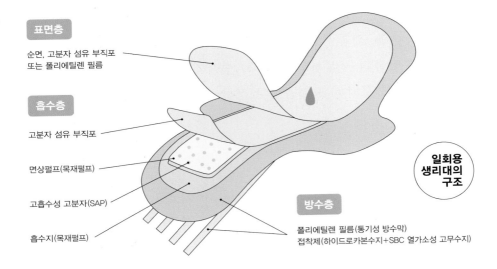

표면층

순면, 고분자 섬유 부직포
또는 폴리에틸렌 필름

흡수층

고분자 섬유 부직포

면상펄프(목재펄프)

고흡수성 고분자(SAP)

흡수지(목재펄프)

**일회용
생리대의
구조**

방수층

폴리에틸렌 필름(통기성 방수막)
접착제(하이드로카본수지＋SBC 열가소성 고무수지)

※동아사이언스(2017.10.02). '시판 일회용 생리대 10종 재료 분석
휘발성유기화합물 검출 경로 추적해보니' 기사 내용 재구성

다양한 여성들과
대안생리대, 월경교육을 시작하다

여성환경연대는 2004년부터 중·고등학교와 지역공동체와 생협모임 등
다양한 그룹의 여성들과 '면 생리대 만들기 워크숍'을 해왔다. '생기발랄
1318 청소년 Eco Camp' 등 10대들과 함께 하는 에코걸캠프에서
대안생리대 프로그램이나 세대별 대안 건강과 면생리대워크숍 등을
진행했고, 2010년에는 <쉽게 따라하는 핸드메이드 생리대>를 발간했다.
　　　면월경대 워크숍은 여러 가지 면에서 흥미로웠다. 바느질을
해본 적이 없는 여성들에게 핸드메이드 면월경대를 만드는 것은
어렵고 힘든 일이지만, 일상 생활에서 필요한 물건을 화폐교환을 통해

구매하지 않고, 스스로의 손을 움직여 직접 삶의 필요를 채우는 것은 새롭고 신기한 경험이었다. 한달 동안 사용할 면월경대는 적어도 10개 이상은 있어야 하는데, 10개를 모두 손바느질로 만드는 건 무척 어려웠다. 익숙하지 않은 바느질로 만든 면월경대의 옆구리가 터지기도 했다.

어려움은 만드는 과정이 아니라 오히려 면월경대를 사용하는 과정이었다. 사용한 면월경대를 가방에 넣어다니는 것도, 한 번 쓰고 버리는 것이 아니라 다시 가져와서 세탁해서 재사용하는 것도 익숙하지 않고 힘들다. 월경이라는 말도, 월경혈의 냄새도, 빨간 월경혈을 다른 사람에게 보이는 것도 '부끄러운 일'이라고 하는 남성중심의 편견 가득한 문화와 인식 속에서는 몇 시간 물에 담가놓았다가 세탁하는 과정이 곤혹스럽다.

우리 자신과 지구 모두에게 건강하게 월경을 하고 싶지만, 모든 여성들이 선택하기는 어려운 점이 한 두 가지가 아니라서 마음이 복잡하고 괴로웠다. 그래도 일회용 생리대의 문제점을 알고 있는 상황에서 일회용 생리대가 흔쾌하고 유쾌한 대안이 되기는 어렵다는 생각이 들었다.

오랫동안 숨기고 침묵했던 월경에 대해 말하기 시작했고, 다양한 여성들이 월경의 고통, 불편함뿐 아니라 대안 월경용품을 선택할 권리, 월경과 여성의 몸에 대한 교육이 필요함을 인지하고 면월경대 교육을 해왔다. 그러나 더욱 중요한 것은 여성들 대부분이 사용하는 일회용 생리대가 안전하게 생산되도록 하는 일이었다.

일회용 생리대의 대안으로 면월경대와 월경컵이 있다. 하지만 햇빛이 들지 않고 바람이 잘 통하지 않는 열악한 도시의 주거환경에서는 쉽지 않다. 고시원이나 기숙사 등 공동생활에서도 면생리대 빨래는 어렵다. 떠오르는 대안인 월경컵은 아직 정보도 판매처도 부족하고, 한꺼번에 지불해야 하는 구매비용도 높다. 누구나 안전한 생리대를 사용할 방법을 찾아야 한다.

생리대 복지:
공공생리대, 비상용 생리대, 무상생리대

스코틀랜드는 2018년 8월, 초등학생부터 대학생까지 39만 5천여 명의 '모든 학생'에게 매달 무료로 생리대를 지급하겠다고 밝혔다. 영국도 내년부터 무상생리대 정책을 실시하겠다고 밝혔다. 이 정책은 한 해 약 13만여 명의 영국 여학생이 생리대를 사지 못해 결석을 하는 현실을 접한 아미카 조지라는 17세 학생이 '생리빈곤(period poverty) 캠페인'을 벌인 데서 시작했다. 아미카는 생리빈곤을 가난한 개인의 문제가 아니라 모두가 당연히 누려야 할 학습권의 문제로 접근하며 무상생리대에 대한 사회적 공감대를 넓혔다.

우리나라의 공공영역에서 생리대 문제가 본격적으로 거론된 것은 2016년 깔창 생리대 보도 이후다. 그후로 여성가족부는 저소득층 10대에게 현물로 생리대를 지급하기 시작했고, 지급 방식에 대한 여러 가지 논란 끝에 올해부터는 면월경대, 월경컵 구입 등 선택의 범위를 확대한 바우처 방식으로 지원한다. 2018년에는 지방정부 차원에서 저소득층에 한정하지 않는 공공(비상용)생리대 정책이 시행되었다.
2018년부터는 서울시 등 지자체 차원에서 공공기관 내 화장실에
비상용 생리대를 설치하여 저소득층만으로 지원 대상을 제한하지
않는 '공공생리대 정책'을 시작했다.

경기도 여주시 의회는 올해 특별한 결정을 내렸다. 4월 초, 모든
여성 청소년들에게 생리대를 무상 지원하는 내용의 '여주시 여성청소년
위생용품 지원 조례안'을 의결했다. 이에 따라 여주에 사는 만
11~18세 여성 청소년 3950여 명이 연간 126,000원의 생리대
구입비를 지원받게 된다. 가난해서 생리대를 지원받는다는 사회적
낙인이나 수치감 없이 여성 청소년이면 누구나 월경에 대한 사회적
지원과 지지를 받는다.

'월경'에 대해
더 자주, 많이 이야기할 수 있도록

건강하고 자유롭게 월경 기간을 보내는 것은 소득 수준, 연령, 지역,
종교, 성적 정체성, 장애 여부와 관계없이 인구의 절반인 여성 모두가
누려야 할 기본권이자 생존권이다. 같은 맥락에서 안전한 생리대는 여성
건강과 인권의 기초이다.

'월경하는 몸'을 기준으로 하는 사회문화와 제도가 논의되어야
한다. 공공생리대는 공중화장실에 필수적으로 비치되어 있는 휴지에
대한 관점과 유사하게 보아야 한다. 화장실에 남성이 필요한 모든
것이 있는 것처럼, 여성이 필요한 모든 것이 제공되는 것은 당연하다.

월경용품을 지원하는 것에서 나아가 월경과 생리대, 여성의 몸에 대한 공적 교육과 공적 정보를 충분히 제공할 필요도 있다.

　　다양한 월경용품에 대한 정보와 월경 경험을 포함한 성 인지 감수성을 가진 통합적인 몸 교육이 공공 교육에서 제공되고, 공적인 장에서 월경 경험을 더 많이 떠들고 나누고 연대해야 한다. 월경용품이라는 생활 필수 소비재 가격이 과도하게 책정되어 있는 것은 아닌지 당국의 지속적인 관리·감독도 필요하다.

　　월경통과 월경 전후 증상은 개인별 차이가 크다. 어떤 사람은 월경 기간 내내 극심한 통증 속에 있고 어떤 사람은 다른 때와 별반 다르지 않다. 하지만 '월경하지 않는 몸'을 정상적인 몸이라고 전제한 일관된 8시간노동제와 연차 시스템은 '월경'으로 인한 통증이나 결석, 느린 속도 등을 '비정상적인 것' '비효율적인 것'으로 낙인찍고 배제할 수 있다. 생리 공결제와 생리 휴가 사용 역시 더 적극적이고 실질적으로 시행되어야 한다.

　　삶은 계속되고, 월경도 계속된다. 인간뿐 아니라 비인간−생명체의 삶도 고려하며 모든 여성이 자유롭고 안전하게 월경하기를 바라며, '모두를 위한 월경권'이 더 활발히 논의되길 바란다.

나는 달

나는달, '네팔을 향해 날으는 달거리대'의 줄임말입니다. 처음 듣는
분들도 꽤 있겠지만, '달거리대'는 생리대의 순 우리말입니다. 나는달
캠페인은 2013년, 캄보디아에 일회용 생리대의 대안인 면월경대를
전달하면서 시작되었습니다. 현지에서는 여성 건강교육도 함께
진행했죠.

2015년에는 한국과 네팔에서 동시에 나는달 캠페인이
진행되었습니다. 재활용할 수 있어서 지구에 부담을 덜 주고, 순면으로
만들어 우리 건강도 지킬 수 있는 면월경대를 알리자는 취지였는데요,
나를 위해 하나, 네팔 지역 여성에게 하나를 선물하는 형식이었습니다.

왜 네팔에 면월경대를 보냈을까요? 네팔에선 월경을 불순하고
숨겨야 하는 것으로 여기는 관습 '차우파디'가 아직 일부 지역에 남아
있습니다. 월경 기간 동안 일상생활이 제한되는 이 관습 때문에 여성들은
사회로부터 고립되고 건강 문제를 겪기도 합니다. 우리는 나는달
캠페인을 통해 네팔뿐만 아니라 한국의 월경 문화를 보다 생태적이고
건강하게 만들고, 면월경대를 전달하며 아시아 여성과 여성 사이를 잇고
싶었습니다.

월경은 숨겨야 하고, 부끄러워해야 하는 것일까요? 불편함을
내색하지 않으려 애쓰는 모습 대신, 불편함조차 자연스럽게 내보일 수
있는 경험이 될 수는 없을까요? 나는 달 캠페인을 통해 서로 다른 문화권
여성들의 월경 경험을 나누고, 더 많이 이야기하며, 우리 몸에 대한
다양한 관점을 이해할 수 있었습니다.

한국의 하얀색 면월경대와 달리, 네팔에서 제작한
면월경대는 짙은 팥색이었습니다. 네팔에서는 집
밖에서 빨래를 말리는 경우가 많아, 짙은 색깔이 눈에
띄지 않고 편하다는 네팔 현지 코디네이터의 조언이
있었기 때문이죠. 또 흰색 천은 얼룩을 지우기 어렵다는
단점도 있었습니다.

    캠페인에 참여한 우리나라 여성들이 만든
면월경대는 여성이 대부분인 네팔 공정무역 생산자에게
전달되었습니다. 여성 건강교육도 함께 진행되었고요.
지속적으로 면월경대를 사용할 수 있도록 현지에서
워크숍을 진행하였고, 면월경대 만들기 키트도
준비하여 손바느질로 함께 만드는 행사도 열었습니다.

약 3백 명의 네팔 공정무역
소생산자 여성들과 그 자녀들이
함께 여성 건강 교육 워크숍에
참여하여 자유롭고 건강한
월경문화, 여성 몸에 대한
자존감 높이기 교육을 받았다.

교육이 진행된 네팔 공정무역 공동체는 'KTS'와 '사나 하스타카라'이다. 카투만두 시내에 위치한 KTS는 네팔 카스트제도의 최하위 계층에 속해 있는 사람들의 무상 교육과 경제적 자립을 위해 공정무역 작업장을 운영한다. 또한 네팔어로 '작은 수공예품'이라는 뜻을 지닌 '사나 하스타카라'는 수공예품을 개발하여 네팔 전국에 흩어져 있는 1500여 명의 가난한 생산자들이 경제적으로 자립할 수 있도록 지원하는 활동을 한다.

일주일간 오전 오후로 나누어 진행된 워크숍에는 한 클래스에 약 20~30명의 네팔 여성들이 모였다. 이들은 월경과 여성의 몸에 대한 이야기를 나누며 그동안 터부시 여겨왔던 월경이 더 이상 오염된 것이 아니라 소중하고 자연스러운 우리 몸의 일부임을 서로 일깨워주었다. 그리고 한 번 사용하고 버려지는 일회용 생리대가 우리 몸과 지구에 어떤 영향을 미치는지, 대안이 되는 면월경대는 어떻게 만들고 사용하는지, 월경주기는 어떻게 계산하는지 등 많은 이야기를 나누었다. 워크숍에 참가한 사람들은 여성의 몸과 월경에 대한 교육이 일상에서 경험하는 가장 가까운 이야기였기 때문에 반짝이는 눈으로 수업에 참가하였다.
무엇보다 월경은 오염된 것이 아니라 우리 몸의 한 경험, 일부임을 다 같이 배웠다. 한국에서 많은 분들이 마음을 모아 보내주신 면월경대를 전달할 때는 서로 문화와 언어가 다르지만 '월경'으로 연결되어 있음을 확인할 수 있었다.

월경 페스티벌

Writer: 강진주

2018년 5월 28일 세계월경의 날. 서울 영등포구에서 '월경 페스티벌'이 열렸습니다.

"어떤 피도 우리를 멈출 수 없다"

월경에 대한 사회적 편견과 터부를 걷어내고 세대, 계급, 장애, 성정체성 및 성적지향, 지역, 종교 등에 관계없이 모두가 자유롭고 안전하게 월경할 권리를 외치기 위한 자리였습니다. 월경 페스티벌은 1999년부터 2007년까지 약 9년간 이어지다가 여러 가지 이유로 지난 10년 동안 열리지 못했기에 더욱 반가웠습니다.

개인이 처한 사회적 상황과 조건에 따라 월경 경험은 다르게 구성됩니다. 여성환경연대는 더 다양한 몸의 경험, 월경 이야기를 월경 페스티벌에서 꺼내어, 축제를 즐기러 온 다양한 이들이 월경문제를 정치적 의제로 생각하게끔 했습니다.

장시간 노동을 하는 사람의 월경, 좁은 주거 환경에서 생활하는 사람의 월경, 청소년의 월경, 완경을 고민하거나 맞이한 사람의 월경, 성소수자의 월경, 장애 여성의 월경 등 월경은 개인의 사회적 상황과 다양한 정체성에 따라 다르게 구성됩니다. 하지만 월경터부로 인해 다양한 월경 이야기는 사회에 잘 드러나지 않죠.

월경은 생리대가 비싸면 더 저렴한 걸 선택하거나,
건강 문제가 생길 때 다른 월경용품으로 바꾸면
그만인 '개인적 차원'의 문제가 아닙니다. 이제 우리는
월경터부와 여성 혐오의 연관성, 월경 기간 중 '우리를
멈추게' 하는 사회적 배제와 차별, 혹은 '멈추고 싶을
때' 멈추기 위해 필요한 사회적 조건, 비인간종과 지구
생태를 함께 생각하는 월경 등 월경을 둘러싼 다양한
이야기를 꺼내어 풀어놓아야 합니다.

왜 어떤 여성들은 더 아픈가?

Writer. 이안소영

©junpinzon/Shutterstock.com

우리가 더 아픈 건
일 때문이야

서울 마포에 있는 한 대형 할인마트, 휴일 오후를 맞아 고객이 북적이는
가운데 파자마를 입은 20여 명의 여성들이 군데군데 눈에 띄었다.
이들은 필요한 물건을 각자 하나씩 고른 후 함께 상품을 계산했다. 큰
조명등 설치물 아래 가슴에 붕대를 감고 노트북을 들고 일하는 사무직
여성노동자, 바코드를 찍고 계산하는 서비스직 여성노동자, 카트를
끌고 쇼핑하는 여성 등이 일시에 쓰러진다. 몇 명은 쓰러져 곧장 잠에
빠진다. 대형 마트 정문 앞으로 나온 후 '피곤은 잠 때문이야, 아픈 건 일
때문이야'라는 가사의 노래를 부른다.

　　여성환경연대가 벌인 '파자마 캠페인'의 한 장면이다. 대형
할인마트의 24시간 영업과 야간노동을 반대하고, 대형 마트 노동자와
소비자의 건강권을 보장하라는 이 퍼포먼스는 2007년부터 이어온 'STOP
유해물질 DOWNDOWN 유방암' 캠페인 중 일부다.

　　얼핏 생각하면, 유방암과 24시간 영업이 도대체 무슨 관계가
있을까 싶다. 하지만 어두운 조명 아래 충분한 수면을 취할 때 분비되는
멜라토닌이라는 호르몬이 암 발생을 막는 역할을 하는데, 야간노동이나
교대근무는 멜라토닌이 부족하게 해 유방암 발생을 높힐 수 있다는 점을
떠올리면 고개가 끄덕여진다. 실제로 교대근무와 야간노동을 반복적으로
하는 스튜어디어스나 간호사의 유방암이 직업병으로 인정받았다는
보고도 있다.

　　한밤에도 너무 밝은 24시간 카페와 프렌차이즈 매장, 총알배송

신선마켓, 아침이 와도 쉽사리 잠들 수 없는 노동자들. 연간 2000시간이
넘는 장시간 노동을 자랑하는 '속도 사회' 대한민국에서, 여성 노동자들의
건강이 단순히 개인의 문제일 수만은 없다.

야간 교대근무와
유방암의 상관관계

2016년 2월, 근로복지공단 서울업무상질병판정위원회는 성수공단에
있는 반도체 패키징 조립업체에서 22년간 야간 교대근무를 하다 지난해
11월 유방암으로 숨진 이아무개(사망 당시 46세)씨에 대해 산업재해를
인정했다. 교대근무가 유방암 위험을 높이는 요인으로 알려져 있고,
유방암 발병 시까지 이씨의 교대근무 시간이 총 22년으로 3조 3교대를
하면서 상당한 빈도로 야간근무를 했음을 인정했기 때문이다.[1]
　　WHO 산하 국제암연구소(IARC)에서는 유방암 발병의 직업적
요인으로 X선·감마선·에틸렌 옥사이드·교대근무 등을 지정하고 있다.
덴마크 직업병위원회는 20~30년 넘게 평균 주 1회 이상 야간근무한 경우
직업병 인정을 권고하고 있다. 이 같은 근무 방식이 유방암 발병 위험을
상당히 높인다고 보기 때문이다. 21년간 병원에서 매주 3회 야간근무를
하다 유방암에 걸린 간호사가 직업병으로 인정된 사례도 있다. 야간
근무가 잦은 여성 간호사들을 분석한 결과 밤에 일하는 간호사는 그렇지

1　매일노동뉴스(2016.02.18), '22년간 야간 교대근무 하다 걸린 유방암은 산재' 근로복지공단, 장기간 야간 교대근무
　유방암 독자적 요인 인정

않은 간호사보다 유방암, 위장 계통 암, 폐암에 걸릴 위험이 각각 58%, 35%, 28% 높았다. 특히 유방암은 야간 교대근무를 하는 5년마다 발병 위험이 3.3% 증가했다.[2]

한편, 2018년 1월 고용노동부 산하 안전보건공단은 '반도체 제조업 근로자 역학조사 결과'를 발표했다. 반도체 제조업 노동자의 백혈병으로 인한 사망 위험은 일반 국민의 1.71배, 전체 노동자의 2.30배로 파악됐다. 백혈병과 함께 혈액암에 속하는 비호지킨림프종의 경우, 사망 위험은 일반 국민의 2.52배, 전체 노동자의 3.68배였다.

특히, 반도체 생산라인인 '클린룸'에서 작업하는 엔지니어와 오퍼레이터 등의 혈액암 발생과 사망 비율이 높은 것으로 나타났다. 이들 중에서도 20~24세 여성 오퍼레이터의 혈액암 발생 비율이 높았다. 조사 대상 반도체 노동자는 혈액암 외에도 위암, 유방암, 신장암과 피부흑색종을 포함한 일부 희귀암 발생 비율도 높은 것으로 조사됐다.

반도체 사업은 전형적으로 여성 노동자가 많은 곳이다. 한국 경제의 견인차인 반도체 산업은 1년에도 몇 번씩 최신모델을 출시하여 수억 원을 들여 홍보하고, 사람들은 뒤질세라 유행 따라 핸드폰을 바꾼다. 그 속에서 반도체 여성 노동자의 병은 깊어간다.

2 연합뉴스(2018.01.09), '야간 교대근무, 여성 암 발병 위험 높여'

영수증이
유방암을 일으킨다고?

영수증은 표면에 잉크 역할을 하는 발색제가 발린 상태로 종이 위에
특수 코팅을 해 만든다. 흔히 '감열지'라 불리는데, 열을 가하면 글씨가
나타나는 종이다. 이때 발색촉매제로 사용되는 물질이 비스페놀A라는
환경호르몬이다. 각종 뉴스에 등장하여 많은 사람들에게 익숙한
물질인 비스페놀류는 체내에서 여성 호르몬 에스트로겐처럼 작용하는
환경호르몬인데, 정자 수를 감소시키고 유방암 발생에 영향을 주고
비만을 일으킨다고 의심받는 물질이다.

　　2016년 5월 여성환경연대는 대형 마트와 백화점의 영수증에 들어
있는 비스페놀류 조사 결과를 발표했다. 대형 마트, 백화점 총 6곳의
영수증을 분석한 결과 1곳의 대형 마트와 백화점을 제외한 다른
모든 영수증에서 비스페놀이 검출되었다. 사실 영수증에 유해물질이
들어 있다 한들 받자마자 버리면 되고 만진 후 손을 깨끗이 씻으면
된다고 쉽게 생각할 수 있다. 하지만 문제가 이렇게 쉽고 단순하지
않다는 게 함정이다. 매일 수없이 많은 영수증을 만져야 하는 판매대
여성노동자들은 작업 전후로 비스페놀A의 농도가 높아진다. 이를
방지하기 위해서는 장갑을 끼고, 종이도 친환경 소재로 바꾸어야 한다.

　　생태계 영향도 만만치 않다. 환경부 발표를 보면 종이 영수증
발급 건수가 2012년 기준 연간 약 310억 건, 발급 비용은 2,500억
원에 이른다고 한다. 이후 집계된 자료는 없으나 6년도 넘게 지났으니
건수와 비용은 훨씬 많이 불어났을 터다. 종이를 만드는 데 쓰이는 나무,

수입용지 등도 생각해볼 문제다. 허공으로 날아가는 수만 톤의 종이와 수천억 원의 비용을 아끼고, 환경호르몬 노출도 줄이기 위해 고민과 적극적인 행동이 필요하다. 유방암을 막아 여성 건강을 지키고, 종이도 아껴서 지구도 살리는 방법을 찾아 나서야겠다.

젊은 유방암 환자가 늘고 있다

미국이나 영국 등지에서는 여성 8~9명 중 한 명이 평생 한 번 유방암에 걸리고, 한국 여성들은 30~40명 중 한 명꼴로 유방암에 걸린다. 완경 이후 환자가 대부분인 서구와는 달리 한국은 완경 전 40세 이하 젊은 환자가 60% 정도를 차지한다.

    2016년에 발표된 '국가암 등록 통계'에 따르면 여성암 1위에 유방암이 올라 있다.[3] 얼마 전부터 감소세로 돌아선 서구와는 달리, 한국은 과거 10년 전보다 3배 가까이 늘었고, 특히 젊은 유방암 환자가 급격히 많아지고 있다. 그러고 보니, 주변의 30~40대 여성들 중에서도 갑작스럽게 유방암 진단을 받은 경우가 드물지 않다.

    흔히 빨라진 초경과 서구화된 식습관, 저출산 등이 유방암의 주요 원인으로 꼽힌다. 유방암 검사를 통해 조기 발견하라고 독려하지만, 마흔 살 이전에는 방사선을 이용한 유방 촬영술로 암을 조기 발견하기 어렵고, 오히려 발병 위험을 높일 수 있다고 한다. 촬영할 때 방사선이 유방에만

3 이전까지는 갑상선암이 1위였다

집중되니 단위면적 당 피폭량이 일반 흉부엑스레이보다 10배가량 많기 때문이다.

　　유방암에 걸리지 않으려고 아이를 낳아야 한단 말인가? 초경을 늦추어야 할까? 유방암 검사가 위험하다니, 검진은 또 받아야 하는지 말아야 하는지 헷갈린다. 갈수록 더 많은 젊은 여성들이 유방암에 걸리는 상황에서, 누군가는 나서서 무엇이 문제인지 어떻게 예방할 수 있는지, 개인의 생활을 바꾸면 되는지, 정부나 사회 시스템이 어떻게 변화해야 하는지 말해주어야 한다.

곳곳에 도사리고 있는
유방암 원인 물질들

미국의 '침묵의 봄 연구소(Silent Spring Institute)'에 의하면, 유방암 발생의 5~10%만이 유전적 요인에 의한 것이고, 우리 일상생활 속에는 유방암의 발병 위험을 높이는 여러 요소가 있다. 제2차 세계대전 이후 전쟁이 끝나서 쓸모가 없어진 화학물질을 무기가 아니라 일상 생활용품으로 개발한 결과이다.

　　연구소는 산업계에서 화학물질을 배출하여 공기, 물 및 토양에 잔류물질을 남기는 등 발암물질과 내분비계 호르몬 교란을 일으키는 합성화학물질들에 일상적으로 노출되는 것이 주요 원인이라고 지적했다. 이들이 지적한 발암물질에는 방사능, 석유화학물질, 자동차 배출가스, 대기오염, 페인트 제거제, 살충제 등이 있다. 내분비계 교란 물질은 경구용 피임약, 호르몬 대체요법, 플라스틱, 음식포장재, 세탁용 세제,

조기 검진과 개인적 예방을 강조하는 것도 중요하지만,
유방암을 일으키는 생활 속 유해화학물질을
줄이는 사회적 노력이 더 중요하다.

대형 마트 판매 제품을 대상으로 진행된 조사에서는 접시,
머그컵, 변기커버, 욕실화, PB주방세제 등 생활용품에서
중금속, 프탈레이트, 납, 1,4-다이옥산(1.4-dioxane) 등이
검출되었다. 이는 알레르기, 발암, 어지럼증, 메스꺼움을 유발할
수 있으며 특히 1,4-다이옥산은 발암 가능성이 있는 물질이다.
여성환경연대를 비롯한 다수의 시민단체는 조사를 통해
주방세제뿐 아니라 방향제, 세정제, 세탁용 세제류 등
22개의 제품 중 14개(63.6%)에서 1,4-다이옥산이
검출되었다고 밝혔다. 가사 노동을 더 많이 하는 여성은
남성에 비해 화학물질에 더 빈번히 노출되는 셈이다.

91

헤어스프레이나 매니큐어 등 이·미용품, 방향제 등이 포함된다. 지금
바로 세어보라. 오늘 하루 깨어나서 지금까지 내가 접한 합성화학물질의
수는 몇 개인지 말이다. 그밖에 농약, 방사능, 전자파, 교대근무 등도
유방암의 원인이다.

사후 처리보다는
발병 방지가 훨씬 중요하다

유방암은 대표적인 환경성 질환이고 상징적인 여성의 질병이다.
환경호르몬 물질은 지방친화적이기 때문에 상대적으로 체지방률이 높은
여성에게 더 치명적이고, 신체부위 중에는 유방 조직에 영향을 크게
준다.

유방암을 발병시키는 생활 속 유해물질들은 자궁내막증이나
월경불순, 자궁암 등 다른 여성 재생산 건강과도 연관이 깊다. 문제는,
사전 예방에 관심 없는 다국적 의료 기업이나 기술이나 약물의
개입을 통해서 사후 치료를 하면 된다고 생각하는 과학자들의 편견과
무책임으로 이 부분에 대한 관심과 투자가 여전히 부족하다는 점이다.
아직까지 환경건강 관련 정책이나 연구가 남성을 인간의 기준으로
삼고 있기에, 여성의 몸이 갖는 특수성이나 사회문화적 취약성을
반영하기에는 부족하다.

유방암과 발암물질 및 화학물질들의 연관성을 밝히는 일은 매우
어렵고 난처한 일이다. 하지만 위험하다는 증거가 과학적으로 명백할
때 규제하는 것이 아니라, 물질이나 상품의 안전성이 명백하게 입증된

자료가 없으면 미리 규제하고 조심해야 한다. 소위 말하는 '노 데이터 노 마켓(NO Data No Market)' 원칙이다.

여성환경연대는 2007년부터 'STOP 유해화학물질 DOWNDOWN 유방암' 캠페인을 벌여왔다. 정부에 '유방암 환경요인에 대한 연구'를 요구하여 환경부가 2010년부터 2013년까지 3차에 걸쳐 연구도 진행했다.

화학물질이 가져다주는 편리함과 유혹이 만연한 소비주의 사회에서 여성들에게 개인적인 결단과 실천으로 이를 이겨내라고 요구하는 것으로 그치지 않아야 한다. 기업이 생산 과정에서 윤리적 책임을 지도록 정부가 나서야 한다. 여성의 건강과 삶의 지속성을 위해 규제를 강화하고, 개선을 요구할 때 유방암뿐 아니라 우리 사회가 만들어낸 질병들을 예방할 수 있다.

THINK ABOUT 생각

몸을
다시
생각한다

Writer. 이안소영

갈수록 심각해지는 미세먼지 탓인지 아토피 피부염이 있는 사람들의
가려움과 고통은 날이 갈수록 더욱 심해진다. 공기가 나쁘면 아토피
피부염도 심각해질 거라고 막연히 생각해왔는데, 몇 년 전 관련 연구
결과가 나왔다. 2013년 환경부의 발표에서, 대기 중 미세먼지·벤젠 등의
농도가 짙어질수록 아토피 피부염도 심해진다는 상관관계가 드러났다.
미세먼지가 표피장벽 기능을 손상시켜 아토피 피부염을 악화시킨다.

　　요즘도 그렇지만 특히 2000년대 초중반에는 아토피 피부염
환자가 전 국민의 10%에 이르러 사회적으로 큰 문제였다. 유아나
어린이들의 아토피 피부염 증세는 매우 심각했다. 붉게 트고 벗겨진
피부로 인해 받는 스트레스는 물론이고, 심한 건조증과 가려움증으로
수면장애를 겪기도 했다. 바깥으로 쉽게 드러나는 피부염의 흔적은
아이들의 놀림이나 따돌림으로 이어져 또래관계나 사회성 발달에도
부정적 영향을 미치기도 한다.

　　당사자인 아이들뿐 아니라 여성의 고통도 외면할 수 없을 만큼
커졌다. 여전히 강력한 힘을 발휘하는 성별 분업구조 하에서 밤새
가려움으로 잠을 잘 수 없는 유아를 돌보고, 원인이라고 알려진
가공식품이나 식품첨가물 등을 안 먹이기 위해 아이들과·매끼마다
갈등과 협상을 반복해야 하는 여성들에게도 너무나 힘들고 가혹한
시간들이었다. 게다가 여성이 임신 전후에 한 생활패턴이나 특정 행동이
아토피에 영향을 준 건 아닌가 하는 사회적 낙인이나 스스로의 자책도 큰

어려움 중에 하나였다.

　　아토피 피부염 문제는, 의식주에 들어 있는 화학물질을 제대로 관리하지 못한 사회 때문에 스스로 삶을 선택할 수 없는 가장 약한 존재인 아이들이 고통받는다는 것이 본질이다. 가장 민감하고 취약한 사람들이 안심하고 살 수 있는 사회가 모두에게 안전한 사회가 아닐까. 아토피 피부염을 가진 어린이와 엄마들도 살기 힘들지 않은 세상을 만드는 것이 생태적이고 평등한 사회를 만들려고 노력하는 우리의 할 일이 아닐까?

가습기 살균제 사건의 최대 피해자는 어린이, 임산부 여성, 노인

세계에 유례가 없는, 사상 최대의 생활용품 화학적 참사이자 사회적 재난인 가습기 살균제 피해는 아직도 진행형이다. 지금까지 확인된 가습기 살균제 피해 규모는 '빙산의 일각'이었다. 사회적참사특조위가 2018년 11월부터 4개월간 서울 마포구 성산동과 도봉구 방학동 등 8,000여 명을 대상으로 설문조사를 진행한 결과, 2,600여 명(32%)이 가습기 살균제 노출 경험이 있는 것으로 나타났다.[4] 국립환경과학원은 1994년부터 가습기 살균제 노출 경험자가 약 400만 명, 피해자도 56만 명에 이르는 것으로 추정하고 있다. 하지만 정부에 건강 피해를 신고한 사람은 전체 피해 추정자의 1.1% 수준이다. 그나마 이 가운데 피해 구제

4　**오마이뉴스**(2019.04.25)

인정을 받은 사람은 2,750명으로 절반에도 미치지 못한다.

　　가습기 살균제 피해자들은 누구일까. 어린아이와 임신한 여성, 노인이 큰 피해를 입었다. 가습기 살균제 사망 피해는 3세 미만 아동과 60~70대 노인에게 집중되어 있다. 0~2세 피해자는 전체의 15.9%에 달한다. 30대 여성 피해자는 58명으로, 영아 피해자 수와 비슷하다. 상당수 임신부 내지 산모였을 것으로 추정된다. 가장 많은 피해를 낸 연령대는 60대(159명)와 70대(158명)다.[5]

　　직접적인 건강 피해 외에 정신건강 문제도 심각하다. 유명순 서울대 보건대학원 교수 연구팀에 의하면, 가습기 살균제에 노출된 피해자 10명 중 7명이 '만성적인 울분 상태'를 겪는 것으로 조사됐다. 일반인보다 자살 시도 비율이 4.5배 높게 나타나는 등 정신건강 악화도 심각한 수준인 것으로 확인됐다. 성 역할에 따라 피해가 '젠더화'된 양상을 보이기도 한다. 생활화학제품을 구매하는 대다수는 여성으로 본인이 피해자이면서도 아이와 가족을 아프게 했다는 죄책감에 시달린다. 여성은 아프면서도 아이들 앞에서 씩씩해야 하는 역할 갈등까지 겪는다고 한다.[6]

5　경향신문 (2016.09.03), '가습기 살균제, 0세와 70대부터 목숨을 앗아갔다'
6　경향신문 (2019.03.14), '가습기 살균제 마음도 파괴… 피해자 10명 중 7명 만성 울분'

아픈 여성들이 주변에 많다. 20~30대는 생리통, 다낭성 난소증후군, 자궁내막증 등이 심각하고 40대 즈음의 여성들은 자궁근종이나 자궁암 유방암 등으로 고통 받는 경우를 흔하게 본다. 다른 신체 부위지만, 이 질병은 공통점을 안고 있다. 여성만이 가진 신체 기관이자 단순히 몸의 일부가 아니라 문화 해석과 젠더성이 세밀하게 투영된 곳이라는 점이다.

　　또한 몸속에 있는 호르몬이 아니라 외부의 오염으로부터 생성된 독성물질이 들어와 몸 내부에서 원래 있던 호르몬인 것처럼 흉내 내는 환경호르몬의 영향이 큰 '환경성 질환'이라는 점도 유사하다. 실제 통계 또한 계속된 증가 추세를 보인다.

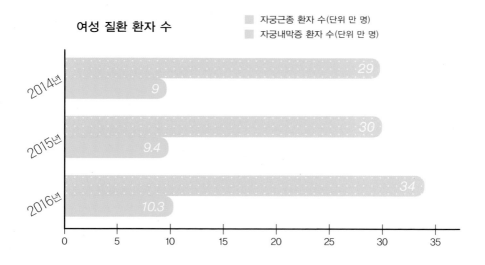

여성 질환 환자 수

■ 자궁근종 환자 수(단위 만 명)
■ 자궁내막증 환자 수(단위 만 명)

2014년 29 / 9
2015년 30 / 9.4
2016년 34 / 10.3

0　5　10　15　20　25　30　35

2018년 2월 건강보험심사평가원 발표에 따르면, 2014년부터 2016년까지 자궁근종 환자는 14.6% 증가했다. 자궁근종과 더불어 생리통, 난임 등의 원인으로 지목되는 자궁내막증 환자도 2014년부터 2년간 13.9% 증가했다. 2016년 국가암등록 통계에 따르면 2016년 유방암 연령표준화 발생률은 2014년 54.7명에 비해 14.4% 증가했다. 또한 2016년 암 진단을 받은 여성 10만 9,112명 중 유방암 환자는 2만 1,747명으로 가장 높은 비중을 차지했다.[7]

땅과 동식물을 오염시킨
화학물질은 이제 인간의 몸으로

화학물질은 전 세계적으로 약 10만 종이 유통되고, 국내에는 4만 종이 사용되고 있다. 매년 400여 종 이상이 새롭게 국내 시장에 진입되는 등 화학물질의 사용이 지속적으로 증가하고 있다. 화학 산업은 다른 분야에 비해 빠르게 성장하여 국내 제조업 생산액의 14%를 차지한다.

2차 세계대전에서 살상용 화학무기를 목적으로 개발했던 인공 화학물질들은 전쟁이 끝나자 계속 이어질 이익 창출의 통로를 찾아 헤매다 화장품과 생활용품 등 일상생활에서 길을 찾았다. 아이들이 사용하는 줄넘기 매트, 실내화, 실로폰, 농구공에도 강한 독성 물질인 프탈레이트가 포함된 PVC 재질이 사용되고, 매일매일 사용하는 샴푸와 비누, 화장품과 물티슈와 가습기 살균제에도, 여성에겐 생활필수품으로

---

7 의학신문 (2019.07.09), '2030 젊은 유방암 환자 증가 추세'

40여 년간 사용하는 일회용 생리대에도 수십 혹은 수 백 가지 환경호르몬 물질과 생식 독성 물질, 발암성 물질이 포함된다.

우리가 한 순간도 손에서 놓지 못하는 스마트폰과 전자기기를 만들기 위해 반도체 노동자들은 발암물질에 노출되어 백혈병, 유방암, 불임과 유산을 겪고 고통받는다. 더 간편하게 더 많은 물건을 팔기 위해 개발하고 사용했던 무시무시한 독성물질들은 어느새 우리 몸 안까지 침투해 들어왔다.

인간과 생명체 모두의 몸, 물건을 생산하는 노동자와 땅, 이 땅에서 사는 식물과 동물 모두가 독성물질에 중독된다. <말, 살, 흙>을 쓴 스테이시 엘러이모의 말처럼 인간의 몸은 자연환경의 모든 것과 상호작용하며 존재하기 때문이다. 스테이시의 표현을 빌리자면, 마음, 과학기술, 물질, 땅은 얽히고설켜 떼려야 뗄 수 없는 관계에 있다. 자신의 욕망을 충족하기 위해서 물질을 변형하는 인간은 동시에 그러한 물질의 힘에 의해서 변형당한다.

여러 질병 통계에서 드러나듯, 의식주 삶에 밀착되어 들어 있는 화학물질을 제대로 관리하지 못하면 아픈 사람들은 점점 늘어난다. 그중에서도 특히 스스로 물건이나 삶의 방식을 선택할 수 없는 취약한 존재가 가장 고통받는다. 그 누구의 탓도 아닌 위험사회를 만든 우리 모두의 책임이다.

우리 몸은 땅이나 바다, 음식물, 공기 등 외부 세계와 긴밀히 연결되어
있다. 요즘같이 미세먼지나 플라스틱 오염 문제가 보도될 때마다
질문하게 된다. '어디까지가 내 몸일까?'

　　미세먼지 속에 들어 있는 중금속이나 휘발성유기화합물(VOCs),
이산화황 등을 들이마시며 호흡하는 나와 미세먼지 속 오염물질의
경계는 뚜렷하지 않다. 어디까지가 내 몸인지 알 수 없다. 치약 속에 들어
있는 미세플라스틱이 바다로 갔다가 조개나 생선을 통해 식탁으로 올 때,
플라스틱과 내 몸의 경계 또한 모호해진다.

　　매 순간 우리가 사용한 모든 화학물질이 지구생태계 순환과
먹거리와 호흡으로 다시 내게 돌아온다는 사실을 깨닫고 나면,
편리함만을 추구하고 시민의 안전이 아니라 기업의 이익을 먼저 챙기는
상품 소비주의에 회의를 느낄 수밖에 없다. 독성물질로 인해 더 큰
피해를 당하는 사람은 가난한 사람과 노동자, 어린이와 노인, 여성 등
사회적 자원이 취약한 그룹들임을 상기하면 더욱 그렇다.

　　한편, 여성의 몸은 갖가지 오염과 편견에 시달리고 있다. '전쟁터가
된 몸'이라는 표현이 어색하지 않을 정도다. 미디어와 가부장적 사회가
규정한 획일적인 아름다움에 대한 강요와 규정은 독성물질 가득한
화장품으로 매일 화장을 해야 외출하고 일하고 사랑을 할 수 있게
만든다. 딱딱한 철제 와이어로 가슴을 압박하고, 비현실적인 몸매를 갖기
위해 평생 몸을 학대하고 성형한다. 월경에 대한 혐오와 터부는 자궁과

월경 경험을 부끄럽고 감추어야 하는 것으로 만들고, 관련 신체 부위에서 생겨나는 질병들 또한 감춘다. '산부인과'라는 진료과목명은 임신과 출산을 한 여성만이 아이 재생산을 위해 검진, 진료 받을 자격이 있다고 암묵적인 강요를 한다.

우리의 몸에는 지구생태계라는 외부 세계가 침투되고 투과되어 있다. 또한 사회문화적인 시선이 실현되는 장소이며, 나의 과거와 현재의 삶의 방식과 습관, 관계, 심리상태를 고스란히 축적하고 기록하는 연대기이기도 하다. 인간과 생태계의 경계가 모호하다는 것을 깨닫고도 지금처럼 살 수 있을까? 우리 모두가 건강하고 행복한 몸으로 살기 위해서는 비인간, 생명에 대한 인식, 가부장적인 제도와 문화질서, 자본주의에 충실한 생산-유통-소비 시스템이 통합적으로 바뀌어야 한다.

미세먼지의
공격에서 살아남기

Writer. 치자

머리가 아프다. 눈과 코가 따갑다. 심한 경우 두드러기가 나기도 한다.
새집증후군 증세다. 새로 지은 집, 장판도 도배도 새로 해서 모든 것이
반짝거리고 깨끗하기만 한 집이 문제가 될 게 무엇일까? 집을 짓는
데 쓰인 건축자재, 마감재, 그리고 집안을 채운 가구들에 들어 있는
유해화학물질이 문제다. 그것들이 뿜어져 나와 사람의 코와 눈을 따갑게
만들고 두통, 두드러기를 일으키는 것이다. 입주 전 베이크아웃으로 이런
화학물질들을 최대한 날려보내야 그제야 살 만한 공간이 된다는 것이
이제는 상식이다.

그뿐인가. 청결과 쾌적함을 유지하기 위해 우리가 집안에서
사용하는 많은 물건들이 도리어 우리를 공격한다. 가습기 살균제 사태는
그 대표적인 예이다. 깨끗함, 청결함을 위해 애쓴 결과가 가족들의
건강을 해치고 생명까지 앗아가는 어마무시한 반작용을 만들어낼 줄
아무도 상상하지 못했다.

가습기 살균제 정도는 아니지만 매일매일 우리의 건강에 위협이
될 수 있는 물건들은 수도 없이 많다. 달콤한 향기를 뿜어내는 방향제,
욕실, 주방 세제의 다른 이름은 '화학물질'이다. 우리는 화학물질로
씻고 닦고 광내며 산다. 호흡기를 통해, 피부로 흡수되며 몸 안으로
들어온 화학물질들은 알려진 바처럼 호르몬처럼 작용해서 내분비계를
교란시키고 면역체계를 공격하며 체내에 축적되어 다음 세대까지 영향을
미친다.

실내 오염물질의 20%만 줄여도
호흡기 질환으로 사망할 가능성을
8%나 낮출 수 있다

쓸고 닦고 씻는 일 말고도 집에서 이뤄지는 중요한 활동 중 하나는 먹고
마시는 일이다. 매일 먹을거리를 손질하고 요리해 상에 올리는 행위만큼
집에서 반복적이고 지속적으로 이뤄지는 활동이 또 있을까. 그러나 취사
과정에서 일산화탄소를 포함한 유해가스가 발생한다는 점을 잊지 말아야
한다. 특히 굽거나 튀기는 요리를 할 때는 더욱 심하다.

별것 아닌 일로 넘길 수도 있겠지만 그러기에는 이로 인한
피해가 상당하다. 국립암센터 통계에 따르면 여성들의 폐암
발병률이 50~60대를 중심으로 지속적으로 증가하는 추세에 있다.
주목할 점은 비흡연 여성에게도 발생 빈도가 높다는 점이다. 미국
국립암연구소에서는 비흡연 여성의 폐암 발생률이 비흡연 남성보다
1.3배 높다는 연구 결과를 냈다. 원인은 부엌에서 보내는 시간 때문이다.

여성은 부엌일을 상대적으로 더 많이 담당하고 조리과정에서
발생하는 유해가스와 연기에 더 많이 노출되어 폐암에 걸린다. 더구나
여성들은 남성보다 폐 면적이 좁아 흡연이나 공기 오염물질로 인한 폐
손상이 더 클 수 있다.

거기에 단열과 난방이 잘 된 현대 건축물은 자연환기가 원활하지
않아 실내 공기 오염물질이 잘 빠져나가지 않으며 산소 농도 또한 낮다.
실내오염 물질의 20%만 줄여도 급성기관지염 같은 호흡기 질환으로
인한 사망률을 최소 4~8% 줄일 수 있다.[8] 우리나라에 40만 명 이상 있을

8 WHO(2002), 'The world health report, Reducing risks promoting healthy life'

것으로 추산되는 아토피 피부염 환자, 초등 천식환자 10% 안팎이 실내 공기오염과 관련 있을 것이라는 연구 결과는 실내 공기오염의 심각성을 다시 돌아보게 한다. 특히 실내에 주로 머무르는 사람이 건강 약자인 여성과 어린이, 노년층이라는 점을 감안하면 문제는 더욱 심각하다.

집 밖은 위험하다고? 집돌이 집순이들에게는 안타까운 일이지만 집 안이 훨씬 더 위험할 수 있다.

유해물질로 가득 찬 학교와 교실
우리 아이들은 괜찮을까?

집 말고 다른 공간은 어떨까? 어린이들이 집 다음으로 가장 오래 머무는 학교는 안전할까? 여성환경연대가 2015년 '유해물질 없는 학교 만들기 캠페인'을 시작하면서 들여다본 학교와 어린이집은 어린이들에게 위험한 물건으로 가득 찬 공간이었다.

새학기가 시작되면 꼭 보도되는 뉴스 중 하나가 학용품, 장난감 리콜 조치에 대한 것이다. 특별한 물건도 아닌 어린이들이 매일 사용하고 가지고 노는 물건들에 납, 수은, 카드뮴, 크롬 등의 중금속과 환경호르몬인 프탈레이트가 초과 검출되었다는 내용이다.

이들 성분은 주로 PVC 플라스틱 제조 과정 중에 사용된다. 딱딱한 PVC를 부드럽게 하기 위한 가소제 성분인 프탈레이트는 가장 대표적인 환경호르몬으로 아토피, 학습 및 행동장애를 유발한다고 보고되고 있으며, 안정제로 사용하는 납 등의 중금속은 발암물질로 신경장애를 유발해 아이들의 학습능력을 저하시키거나 발달장애를 일으킬 수 있다.

건강한 실내 공기를 위해 기억하세요!

☑ 1330 환기생기
⋯ 하루에 3번, 30분씩 환기하기. 오전 10시~오후 9시가 좋아요.
맞바람이 가능하게 모든 창문을 활짝 열고, 큰 도로 쪽으로 난 창은 피해요.

☑ 실내 금연
⋯ 담배 연기에 든 수많은 유해화학물질은 폐암, 호흡기계 질환을 일으킬 수 있어요.
특히 간접 흡연, 옷이나 가구에 밴 냄새 주의!

☑ 생활용품 다이어트
⋯ 벽지나 가구 등에서도 유해물질이 나와요. 간소하게 살림을 꾸리고,
재사용, 재활용 제품을 사용해요. 새 제품 구입 시, 충분한 환기는 필수!

☑ 드라이클리닝 옷 환기
⋯ 드라이클리닝한 옷은 비닐을 벗기고 통풍이 잘 되는 곳에서 3~4일 말린 후 옷장에 넣어요.

☑ 실내 온도 여름 26~28°C, 겨울 18~20°C
실내 습도 50~60% 유지
⋯ 조금 덥고 조금 춥게 사는 것이 실내 환경과 건강에 더 좋아요.
겨울에는 난방기구보다는 옷을 따뜻하게!

☑ 충분한 수분과 채소 섭취
⋯ 물을 많이 먹으면 몸속 정화능력이 높아지고,
땀이나 소변, 대변은 몸속 유해물질을 몸 밖으로 배출하는 역할을 해요.

☑ 미세먼지 주의보와 경보 발령 시에는
외출과 환기 자제
⋯ 미세먼지 예보를 확인해, 주의보와 경보가 발령되면 그에 따른 행동 요령을 따릅니다.
고농도 미세먼지가 발생하는 튀기고 볶는 요리는 삼가주세요.

☑ 대중교통 이용, 자동차 공회전 금지
⋯ 쾌적한 실내환경을 위해 대기오염을 줄이는 노력은 필수입니다.

3

life

표어

동네에서
에코페미니스트로
잘 살기

Writer. 장이정수

여성환경연대 상임대표. 2001년부터 여성생태안내자 양성 과정과 풀뿌리 운동을 했다. 지금도 여성환경연대의 지역 활동을 도우면서
에코페미니즘을 마을 공동체와 연결하는 일을 하고 있다.

2019년 6월, 날씨 좋은 봄 어느 날. 여성환경연대 지역 활동가들이 한자리에 모였습니다. '동네에서 에코페미니스트로 잘 사는 법'에 대해 이야기하기 위해서였는데요, '실천하는 페미니즘'이라는 별명답게 에코페미니스트들은 각자의 삶에서 씩씩하게 에코페미니즘을 하나하나 실현해나가고 있었습니다.

'에코페미니즘 만랩'인 여섯 활동가의 이야기를 통해, 오늘부터 당장 실천할 수 있는 에코페미니즘에 대해 생각해보는 계기가 되었으면 합니다.

참여자 소개

 최수진 [최] 초록상상 대표. 재주가 많아 역사, 사진, 노래, 바느질 등 온갖 현란한 솜씨로 회원들을 매료시키고 있다. 서울시 거버넌스부터 춤과 중창단까지 삶의 자급성에 관심이 높다.

 김주희 [김] 초록상상 전 사무국장이자 여성환경연대 지역위원장. 여성주의 타로로 회원들의 고민을 들어주는 언니. '풀뿌리여성네트워크 바람'의 운영위원으로 25개 자치구에서 성평등 정책을 모니터링하는 젠더거버넌스 사업의 실무자로 지역여성들을 지원하는 일을 하고 있다.

 조미순 [조] 더초록 대표. 구로마을넷 공동대표. 평범했던 학부모에서 마을의 여성리더로 눈부신 성장을 몸소 실천하고 있다. 마을의 텃밭, 성평등 활동, 협치와 거버넌스 등 온 동네에 그녀가 있다.

 이지아 [이] 초록상상 사무국장. 아이들과 생태놀이와 교육, 텃밭을 하면서 생태팀과 성교육팀을 두루 거쳐 지금은 주민건강모임을 조직하는 활동을 하고 있다. 언니들이 뿌려놓은 씨앗 위에서 그나마 행복한 사무국장이라고 생각하며 산다.

 허병란 [허] 초록상상 전 대표. 중랑마을넷 공동대표. 농사를 잘 짓고 인권과 교육에 관심이 많다. 성교육팀에서 사다리로 팀장이 되어 대표까지 고속승진. 마을의 왕언니 잔소리 대마왕이다.

 장이정수 [장] 여성환경연대 상임대표. 2001년에 입사해 생태안내자 양성과정과 지역조직 활동을 해왔다. 현재는 여성환경연대의 지역활동을 도우면서 에코페미니즘을 마을공동체와 연결하는 역할을 하고 있다.

Q1. 우리는 어쩌다
에코페미니스트가 됐을까?!

[장] 안녕하세요. 오늘은 중랑구와 구로에서
활동하시는 분들과 함께 '동네에서
에코페미니스트로 산다는 것'을 주제로
이야기 나눠보겠습니다. 여성환경연대는 창립
초기부터 30~40대 여성들의 지역활동에
관심을 갖고 다양한 지원과 활동을 해왔는데요.
2004년에는 영등포에 '유쾌한 여자들'이라는
모임을 만들었고 2007년에는 '초록상상',
2011년에는 '더초록'이 활동을 시작합니다.
이렇게 지역 활동을 중심으로 하다 보니
"어쩌다 에코페미니스트가 되었다"고
말하는 분들도 많아요. 여기 계신 여러분은
어떤 계기로 활동을 시작하셨나요?

[김] 저는 관심이 있어서 혼자 천연화장품을 만들어
쓰고 있었어요. 마침 친하게 지내던 동네
친구가 초록상상에 가면 천연화장품을 만들 수
있다고 하여 찾아갔죠. 비가 억수같이 내리던
날이었어요. 당시 건강팀은 화장품도 만들고
책도 읽고 어린이 아토피 예방 교육을 하면서
다양한 교육을 진행하고 있던 때였어요. 제
발로 걸어 들어가 건강팀원이 되고 건강팀장을
거쳐 사무국장까지 하게 되었네요.

[이] 초록상상이 초창기에 어린이 생태교육을
참 잘하고 많이 했어요. 어린이 생태교육
프로그램인 '초록지구탐험대'를 매달 동네
봉화산에서 진행했는데 저도 교육받고
아이들에게도 생태교육과 체험, 캠프를 해줄
수 있어서 정말 좋았던 것 같아요. 생태팀에
참여해서 아이들과 같이 생태교육과 캠프를
진행하고 생태팀과 성교육팀을 거쳐 지금은
초록상상의 사무국장을 하고 있습니다.

[최] 저는 일을 하고 있어서 한 달에 한 번 하는
저녁 독서모임 '철수야(밤에 하는 철학 수다)'에
참여했어요. 소설과 인문학 책을 읽는데
항상 모임에서 에너지와 힘을 얻었고 너무
좋더라고요. 그곳에서 개인사부터 사회
문제까지 다양한 얘기를 하면서 여성들이
안전한 공간이라는 느낌이 들었죠. 초록상상이
공간을 넓힌 후에는 여성들에게 필요하다고
생각하여 함께 밥먹는 모임도 만들고
바느질모임도 만들어 필통과 생활용품도
만들었어요. 모임 하자고 홍보하여 두 명이든
세 명이든 참여한 사람들과 즐겁게 하는 거죠.
저는 놀이와 마을문화도 중요하게 생각해서
'아힐'이라는 여성중창단을 만들어 노래도
함께 부르고 마을에서 공연도 하고 있어요.

[허] 저는 이곳에 이사 와서 '동네에서 함께
놀 사람이 없나' 찾던 중 우연히 지역
신문인 중랑신문에 난 광고를 보고 제 발로
찾아왔어요. 제가 텃밭이나 농업, 교육
쪽에 관심이 있는데 다양한 모임을 하고
있더라고요. 처음엔 철수야 등 독서모임과
여러 강좌에 참여하다가 마침 성교육팀을
새로 만들 때여서 같이 했어요. 어쩌다
제비뽑기로 성교육팀장이 되고 대표를 거쳐
지금은 주로 생태팀에서 텃밭과 환경교육에
관심을 갖고 마을활동을 하고 있습니다.

[조] 저는 평범한 주부로 살고 있었어요.
여성환경연대의 아토피 없는 학교만들기
사업을 제 아이가 다니는 초등학교에서
했어요. 전교생을 검진해서 아토피 피부염이
있는 아이들과 부모 대상으로 텃밭도 하고
건강수업도 하는 프로그램이었거든요. 제
아이가 마침 5학년 때 아토피가 있어서
참여했어요. 수업 내용이 좋았는데 부모들이
시큰둥하고 학교에서도 별 신경을 안 쓰는 것

같았어요. 제가 의협심이 있어서 그랬는지 아는 학부모들에게 같이 하자고 꼬드겨서 발을 딛게 되었고, 지금은 더초록의 대표를 하고 있네요.

[장] 시작한 계기는 모두 다르시네요. 화장품, 어린이 생태교육, 독서모임, 지역신문, 학교 아토피교육 등등. 저 역시 아는 선배가 여성환경연대에서 반상근 활동가를 모집하는데 집에서 애만 보지 말고 일하라고 부추겨서 활동을 시작했거든요. 막내가 초등학교 입학하던 해 당시 50만원 활동비를 받고 일을 시작했죠.

Q2. 활동을 하면서 특히 기억나는 일은?

[김] 가장 기억에 남는 것은 지역 여성들의 변화예요. 2011년에 학교에 들어가서 환경교육을 함께 할 여성들을 교육하는 '에코맘'을 조직하기 시작했어요. 교육청의 도움을 얻어 학교별로 가정통신문을 보내 학부모들을 모으고 환경과 건강, 에너지 등을 교육했죠. 처음 학교 갔을 때 학부모들이 우리를 바라보는 눈동자를 잊을 수 없어요. 학교에서 조직하니까 아무래도 학부모회장 등 임원들이 의무적으로 참여를 했겠죠. 활동과 마을 소개를 할 때 그분들 표정이 정말…. 팔짱끼고 '너 한번 얘기해봐라 들어나 보자.' 이런 태도였는데. 그런 분들이 3~4년 뒤에 가장 열심히 활동하는 여성들이 되었고 지금은 혁신교육과 마을공동체 등 마을의 변화를 만드는 여성들로 변하셨어요. 정말 놀랍죠. 지금도 생생히 기억나네요. 그 표정이.

[허] 지금은 성평등팀이 되었는데 초기 성교육팀을 만들어서 청소년 대상의 교육을 준비하기

시작했어요. 당시에는 성교육 경험도 없고 어떤 내용을 꼭 해야겠다는 것도 없었어요. 무작정 공부하면서 서로 길을 찾아간 거죠. 성교육을 해봤던 활동가의 도움을 받아 어쨌든 시작했죠. 그 과정에서 서로 평가하면서 상처주고 그랬어요. 평가가 필요하다고 서로 엄청 비판하면서 눈물 흘리고 위로하고 때론 떠나기도 하고. 지난한 과정이었어요. 지금 돌아보면 그게 너무 심했던가 싶지만, 그걸 넘어섰기에 지금의 성평등팀이 있을 수 있었다는 생각이 드네요.

[최] 저는 역사산책이란 프로그램을 진행하면서 사람들이 달라진 것을 느꼈어요. 한 달에 한 번 고궁 등을 가서 문화와 역사를 설명하며 하는 산책인데요. 회원들과 쉼을 하기 위해 시작한 거예요. 제가 또 사진 찍는 걸 좋아해서 회원들 사진을 많이 찍었는데 활동가들이 사진만 들면 고목나무가 되는 거예요. 막 떠들고 웃다가 카메라만 들이대면 뻣뻣해지는 거죠. '괜찮아요. 웃어요' 해도 여성들이 치아를 드러내며 웃는 것이 힘들다는 것을 알았어요. 사람들 앞에서는 활동가들이 잘 웃고 즐겁게 사는 것 같아도 카메라 들이대는 순간에 경직되는 것을 보니 활동가들이 행복한가 그런 의문이 들었어요. 그래서 의도적으로 뛰거나 웃게 했어요. 6개월 지나니까 자연스럽게 변화된 모습이 나왔어요. 모델처럼 포즈도 취하고요. 행복하게 활짝 웃는 모습을 보니 저도 행복했어요. 누구한테 대접받고 보살핌 받는 시간을 느껴야 다른 사람을 돌볼 수 있잖아요. 그 변화의 과정이 잊히지 않아요. 4년간 하고 몇 년 쉬었다가 요즘 다시 역사산책을 한 이유도 그렇습니다. 일을 내려놓고 편히 쉬고 즐겼으면 해요.

[이] 저는 가장 행복한 시간이 생태팀 활동이었던

것 같아요. 아이들과 함께 자연 속에서
자연을 배우고 함께 뛰어놀던 시간들이
아이들에게도 저에게도 행복한 기억이예요.
지금보다 업무적으로 미숙하지만 그 시간이
즐거웠고 힘든 일에도 겁이 없었고요. 일 년
중 초록지구탐험대 여름캠프 진행이 가장
중요하고 힘든 행사였어요. 사실 여성들이
자기 애를 두고 캠프를 준비하거나 데리고
가서도 2박 3일 진행하는 것이 쉽지 않거든요.
밥과 놀이, 교육 다 준비해야 하니까요.
자연 속에서 자연을 배우고 자연스럽게 놀
수 있는 것. 그 시간만큼은 커서도 기억하고
행복한 시간을 가지도록 준비했어요. 그
시간이 쌓여서 지역의 변화를 만들어가는
것 같아요. 우리 중랑구 소개를 할 때 많은
사람이 중랑의 각 종 지표는 하위이고 개발이
덜 되었다고 설명하는데 초록상상이 지역에서
만든 변화와 사람의 중요성을 잊지 않고
있어요. 우리의 활동이 쌓여서 지역사회를
변화시키고 다른 활동을 지지하고 참여하는
폭이 넓어졌다는 자부심도 갖고 있고요.

[조] 2014년 9월 18일이 기억나요. 더초록이
2011년 문을 열었다가 2년 동안의 휴지기를
거쳐 재오픈한 날이예요. 지역 여성들이 뜻을
모아 구로에서 회원을 모집하고 사무실을
얻고 인테리어하고 고생이 많았어요.
우리는 학생운동, 등록금투쟁 한 번 해본
적 없는 여성들이예요. 아이 학교 보내고
커피마시던 평범한 여성들이 모여서 마을
조직을 만들었다는 게 자랑스러워요.

[장] 저는 마을의 작은 활동들이 시간을 견디고
변화를 만들어낸다는 것을 느낍니다.

Q3. 에코페미니스트로 살기
전과 후, 달라진 점!
나에게 에코페미니즘이란?

[최] 나에겐 자존감입니다. 여성으로서 자존감을
지키고자 한다면 누구나 에코페미니스트가 될
것이라 생각해요. 작은 실천을 무시하지 말고.

[김] 다르게 살 수 있는 상상을 해주게 하는 것
같아요. 결혼하고 시부모가 저에 대해 계속
불만인 게 제 옷차림이예요. 화장도 안
하고. 얘가 강의도 한다는 데 정말 저러고
강의를 하나? 그런 거죠. 예전에도 아이들을
경쟁시키거나 소비에 관심이 많진 않았어요.
그러나 지금은 훨씬 편안해졌어요. 고기를
먹는다거나 철철이 사는 옷의 이면을 모르다가
그렇게 소비하지 않게 되었고 죄책감 없는
삶을 살게 된 거죠. 다르게 살아도 된다는
생각이 들어서 행복해요. 예전엔 회사 다닐
때도 사장한테 욕 먹었어요. 영업 나가면
무시당했거든요. 여자라서 무시당하고 화장
안 하고 정장을 안 입으니 더 어려보여서
무시당한다는 거죠. 그러나 지금은 편하게
소신껏 살아도 불편을 느끼지 않아요.

[조] 자유로움을 준 것 같아요. 예전에는
한 달에 카드 몇백을 쓰면서 카페와
학원 등을 운영하면서 자본과 소비의
화신이었어요. 여기서 삶이 바뀐 거죠.

[이] 한 사람이 하늘을 쳐다보면 그냥 지나가는데
세 사람이 하늘을 보면 길 가던 사람들이
다 멈춰 선다고 해요. 저는 이제 두 번째
사람 정도? 늘 까칠하고 불편을 지적하는
사람이었어요. 남들은 아무렇지 않은데
불편한 저한테 문제가 있다고 생각했었어요.
그러다 함께 하는 사람들을 만나면서 생각이

변했어요. 가까운 사람이 인정을 안 하면 포기해야 한다고 생각했는데 지금은 함께 하는 사람들에게서 힘을 얻어요. 살아온 시간에 대한 답을 얻은 느낌이에요.

[조] 힘도 되고 자존감도 되고 자유로움도 느끼고 가장 힘들다는 가족구성원의 변화가 있고.

[최] 안전함도 느껴요.

[허] 가장 큰 변화는 함께 하는 좋은 사람에 대한 믿음이에요. 그게 힘이 되고 자유롭고 위안이 되고 재미도 있고 돈도 안 들어요. 멀리 여행가는 일은 피곤하지만 이렇게 모여서 이야기 나누고 맥주 한 캔만 있어도 즐거운 시간을 보낼 수 있죠. 에코페미니스트로서 최소한 같이 고민하고 함께 찾아가는 사람이 생긴 거죠.

[조] 평소엔 에코페미니스트라고 생각 안하는데 언제부터인가 너무 자연스럽게 늘 그런 생각을 해요. 자연스럽게.

[최] 요즘 딸이 변하고 있어요. 20대들은 정보 접근이 쉬워서 본인들이 이미 다 안다고 생각해요. 에코페미니즘과 페미니즘. 실제 실천은 하지 않아요. 말로는 제가 딸을 이기지 못하거든요. 몇 년 전부터 저는 말보다는 제 삶을 통해, 실천을 통해 보여주자고 생각했어요. 그랬더니 최근에는 환경에 많이 관심을 갖더라고요. 말보다는 곁에서 보는 작은 실천이 아이들을 변화시키는 것 같아요.

Q4. 이럴 때는 정말 힘들어요!

[최] 생각과 가치가 다른 사람이 너무

많은 데 어떻게 함께 갈 수 있을까, 거의 매일매일 생각하고 있어요.

[조] 구로구에서 3명의 협치위원을 추천하라고 했을 때 지역 시민사회에서 처음엔 전부 남성을 추천한 거예요. 위원회의 한 성이 60%넘지 말라고 얘기하면서, 시민사회는 왜 여성은 추천하지 않는 거야 문제제기 했어요. 이렇게 늘 불편한 얘기를 하죠. 우리 마을행사에 일회용 컵은 없어요. 텀블러 안 가져온 사람은 마시지 말라는 뜻이죠. 약간의 반발도 생기지만 밀고 나갑니다.

[허] 초록상상이 지역에서 가장 많이 들은 얘기가 문턱이 높다는 거예요. 저는 문턱이 있어야 한다고 생각해요. 어떤 때는 좀 참을 걸, 어떤 때는 그때 얘기할 걸. 그걸 늘 갈등하며 활동해요.

[이] 제가 상근 활동을 하다 보니 집에서 밥을 안 해요. 배달앱의 VIP예요. 저희 집에 엄청난 플라스틱 쓰레기가 쌓이는 거예요. 그런 걸 보면 제 삶과 운동 사이의 불편함을 느껴요. 불편하고 고민해서 한 단계를 넘으면 그 다음의 문제가 들이닥쳐요.

[조] 자기 검열이 심해지는 거죠. 전 말이 줄어들어요. 전에는 막 썼던 언어가 지금은 이게 맞나 싶어 아예 입을 닫게 되네요. 하하.

Q5. 지금 에코페미니즘이 다뤄야 할 것들

[최] 에코페미니즘은 동네에서 좋은 지역사회를 만드는 것이라 생각해요. 그런데 도시재생사업을 보면 그 속에서 여성들은

무엇을 하고 어떤 위치일까 의문이 들어요. 수백억 원의 세금으로 다시 건물주의 이익과 관광지 만들기가 진행되는 경향이 강합니다. 그 안에서 중요한 결정은 소수의 남성들과 엔지니어링 회사들이 해요. 더 이상 부수지 않고 리사이클하자는 것이 도시재생이고 도시 안에서 살고 있는 사람들이 민주적으로 참여하고 운영해야 하는데 일부의 사람들이 힘을 갖고 있어요. 대다수 여성들이 참여하지만 남성들에 의해 패가 갈리고 이권에 의해 나눠지고 하나의 사업이 된 것이 안타까워요. 결국 재개발 재건축처럼 그 안에서 살아야 할 사람은 배제되고 서서히 떠나는 사람들이 생기는 것은 문제입니다. 저는 에코페미니즘이 어떤 도시와 동네를 만들 것인지 먹고 사는 문제를 포함하여 고민을 더 많이 해야 할 것 같아요.

[장] 공감합니다. 도시재생은 지금 현재 구성원이 어떻게 질 좋은 삶을 살 것인가를 고민해야 하는데 여전히 토건과 개발 논리 속에 있는 것 같아요. 지역을 떠나지 않고도 계속 일과 문화와 공동체가 유지되고 행복한 삶을 살 수 있도록 여성의 목소리가 더 커져야 할 것 같습니다.

[허] 저는 중요한 문제가 먹을거리라고 생각해요. 청년들 사이에서도 육식에 대한 문제의식이 커지고 나의 먹을거리를 둘러싼 사회적 관심이 생기는 것 같아요. 나아가 그것이 어떻게 만들어져야 좋은 먹을거리인가에 대한 고민이 필요해요. 우리는 여전히 소비자 관점이 더 많은 것 같아요. 우리 사회의 모순이 쌓이고 쌓인 삶이 여성농민이라고 생각해요. 농업정책에 대해 국민도 사회운동 하는 사람도 관심이 없다는 생각이 듭니다. 농업은 모든 삶의 기본이잖아요. 도시에도 농업이 있어야

한다는 것은 문화적으로 확산되고 있지만 우리나라의 농업엔 다들 관심이 없어요. 농업의 자급율, GMO와 토종종자, 관행농과 대기업 중심의 투자, 농업의 가치와 소농의 중요성 등 도시 밖에서 현재 어떤 농업이 이루어지고 있고 어떻게 변해야 하는지 관심 가졌으면 좋겠어요.

[김] 저는 기후 위기나 에너지 문제에 관심을 더 가져야 한다고 생각해요. 원자력 발전소와 미세먼지, 플라스틱 등 환경문제에 대해 지역에서 좀 더 체감되는 실천과 교육을 해야 해요. 젠더거버넌스 활동을 하면서 지역의 정치에도 관심을 가질 필요를 많이 느껴요. 25개 구에서 자기 지역의 정책의 성 인지성이나 정책과정에 관심을 갖고 변화시키기 위해 노력하는데 여성의 정치 참여가 확대되면 좋겠어요. 우리의 모든 삶은 정치와 연결되어 있으니까요.

[최] 사업을 기획하고 진행되는 전 과정에 많은 사람들의 민주적인 참여와 공론화 과정이 필요하다고 생각해요. 제도적으로 여성이 참여할 수 있도록. 누군가의 선의에 맡기지 않고 구조적으로 민주주의가 확장되어야 합니다.

[조] 저는 지금 하고 있는 모든 것들의 우선순위를 잘 정하는 것이 중요한 것 같아요.

[장] 저 역시 환경문제가 좀 더 지역사회에 많이 고민되고 민주적인 참여를 어떻게 확대할 것인가가 중요한 과제라 생각합니다.

Q6. 에코페미니스트로서, 아는 것과 실천 사이의 간극 때문에 괴로워하는 도시인에게 조언

[김] 거창한 것이 아니라 자기 일상을 하나씩 바꿨으면 해요. 눈높이를 낮추면 좋겠어요. 컵을 갖고 다니거나 화장 안하고 민낯으로 다녀보거나 일회용 생리대 대신 다른 월경용품을 사용한다거나 채식을 한다거나 소비를 할 때 꼭 필요한지 한 번 더 생각해 본다거나, 좀 더 단순하게 산다든지. 뭘 많이 해야 에코페미니스트는 아니죠.

[최] 일단 뭐든 해보면 좋겠어요. 한 가지라도 직접 해보면 좋겠어요. 저는 요즘 손수건을 쓰고 있어요. 비염이 있어서 코를 계속 풀어야 해요. 어느 날 보니 제가 휴지를 엄청 쓰는 거예요. 집에 각종 행사장에서 받은 손수건이 많더라고요. 몇 달 전부터 집에서 휴지 안 쓰고 손수건을 쓰고 있어요. 휴지 사용량이 확 줄었죠.

[허] 아는 게 많아질수록 자꾸 스스로에게 가하는 기준이 높아지는데요. 그러다보니 에라 모르겠다 그렇게 못살아 포기하게 되는 것 같아요. 탄소배출이 높은 해외여행도 하면 안 되겠고 멋진 카페에서 먹는 커피도 다른 나라를 착취한 거고, 수입음식은 푸드마일리지가 높아서 안 되고. 이건 이래서 저건 저래서 안 되고. 남자 연예인을 좋아하는 것도 약간 창피하고. 나 에코페미니스트 맞아? 그런 생각도 들잖아요. 근데 나도 사는 재미가 있어야 할 거 아닙니까? 그래서 저는 내 삶의 에너지 총량 같은 기준을 만들었어요. 내가 쓸 수 있는 에너지의 총량. 그래도 이건 포기할 수 없다는 건 빼고 다른 것을 줄이려고 노력해요.

소비총량이라고 해야 할까요. 각자가 정한.

[김] 그게 죄책감을 줄이는 방법이죠.

[장] 누구는 새 옷을 안사고 해외여행을 가는 경우도 있어요. 과일 중 땅을 더 많이 착취하고 농약을 많이 사용하는 딸기를 되도록 안 먹는다거나. 되도록 생활협동조합을 이용하고 외식을 덜 한다거나.

[허] 저도 비슷한 딜레마를 가지고 있어요. 사람을 비난하게 되거든요. 너는 환경운동하면서 그렇게 사냐. 너는 총량에서 벗어난 것 같아, 좀 줄여보지? 라는 말을 저도 모르게 하고 있더라고요.

[장] 특별히 개인적인 원칙은?

[허] 청소를 안 해요. 좀 더럽게 살기를 권합니다. 하하하.

[김] 겨울에 오리털 옷 안 입기도 있죠.

[최] 저는 청소기 안 쓰고 빗자루를 써요.

[조] 저는 집에 전자렌지와 청소기를 없앴어요. 전기밥솥도 없앴다가 식구들을 위해서 다시 들여놨고 대신 텃밭 등 손으로 하는 일을 많이 해요.

[이] 제가 가장 잘하는 일은 함께 하는 일이예요. 저를 '불편러'라고 말하는 사람도 있는데, 운동도 혼자 하면 힘들지만 함께 하면 좋아요. 요즘은 도시락을 싸와요. 그게 처음엔 일 같은데 지금은 편해졌고. 쓰레기 줍는 것도 같이 하면 어렵지 않게 에코페미니스트 활동을 할 수 있는 것 같아요.

[장] 일단은 할 수 있는 것 한 가지를
정해서 실천하고 조금씩 늘려가는 것이
좋겠군요. 높은 잣대로 너무 죄책감을
갖거나 비난하지 않고 즐겁게 서로
격려하면서 바꿔가는 것이 좋겠어요.

Q7. 일상에서 실천할 수 있는 에코페미니즘 한 가지씩

[김] 화장 덜하기, 채식하기(일주일에 한번이라도),
쓰레기 줄이기 위해 택배 덜 이용하기,
배달음식도. 생존기술 배우기(요리, 바느질,
목공 등등 덜 사고 직접 만들 수 있는 기술들), 나의
신념을 지지받고 실천력을 강화할 수 있도록
에코페미니스트들과 연대모임 참여하기.

[최] 더불어 꾸준히 잔소리하기, 얇고 질긴
장바구니 들고 다니기, 빗자루와 걸레로
청소하기, 손수건 두 개 들고 다니기(손닦기용,
기타 코풀고 물기 닦는 등, 휴지 없어서
곤란한 사람들에게 내주기 위해), 재활용품
사용하기, 건강을 위해 걸어다니기.

[허] 소비총량 정하기, 텃밭이나 화분에
채소 심기, 청소 덜 하기, 목욕 덜 하기,
선물포장 최소화하기, 나무젓가락,
빨대 등 일회용품 안 쓰기.

[조] 가전제품 덜 쓰기, 바느질, 짓기, 텃밭하기,
텀블러 사용하기, 행주와 손수건 사용하기,
세제 만들어 쓰기, 화장품 다이어트.

[이] 마을활동 할 때 텀블러, 장바구니 갖고
오는 사람 간식과 선물 주고 안 갖고
오는 사람 아무것도 안주기. 일회용 안
쓰는 게 힙(hip)하고 대세임을 다양하게

보여주기, 도시민이라 직접 농사 짓지는
못하지만 생협에서 기본적인 먹거리 최대한
이용하기, 물건을 사려고 할 때 버릴 때
내 모습 세 번 이상 떠올리며 '이건 역시
나에게 필요없어.'라고 하고 안사기.

[장] 대체적으로 몸을 더 쓰고 사람들과 더 많이
만나기를 권하시네요. 쓰레기는 줄이고요.
에코페미니즘은 금욕적이라기보다 소비
이외의 사람들과의 관계, 다양한 모임과
사회활동을 통해 좀 더 삶의 의미와 보람을
찾자고 말해요. 좀 덜 써도 충분히 만족스럽고
행복하다는 거죠. 데이트도 사랑도 휴가도
놀이도 전부 비싸고 뭔가 사야 할 것 같은
착각이 듭니다. 가성비 좋은 진짜 행복을
동네에서 만들 수 있다고 생각해요.

Q8. 에코페미니스트가 할 수 있는 마을공동체 활동들

[김] 에코페미니즘은 삶의 가치관을 전환하는
일 같아요. 개별적으로는 실천적인 운동을
하지만 결국에는 삶에서 무엇을 중요하게
생각하냐, 어떻게 살 것인가의 문제이지요.
지금까지의 삶을 바꾸거나 새로운 삶을
상상하기 위해서는 모델이 필요한 것 같아요.
상상도 알고 있는 것에 기반해서 할 수
있죠. 지금은 자본주의 아닌 삶을 상상할
수가 없어요. 일반 주민들이 새롭게 상상할
수 있는 다양한 모델을 보여주어야 한다고
생각해요. 어려운 이론이나 담론이 아니라
일상적인 것으로 접근하면 좋겠어요. 무겁지
않게 누구나 할 수 있는 것, 어렵지 않고 나도
해보면 좋겠다는 운동을 하면 좋겠어요.

[조] 서로 만나고 다양한 목소리를 내었으면

좋겠어요. 크게는 아니어도 작게 작게
누구나 말할 수 있는 마을의 민주적인
공론장이 많았으면 좋겠어요.

[장] 탈성장, 생태민주주의, 에너지 전환 이런 것이
가능한 동네를 꿈꾸면 좋겠어요. 지금처럼
꾸준히 지역에서 환경과 공동체를 얘기하면
많은 사람들이 참여할 거라 생각해요. 다양한
마을모임들이 생겨나고 돈이 없어도 돌봄이나
건강과 행복이 충족되는 작은 공동체가
많아지면 좋겠어요. 올해 우리 지역의 14가지
의제들을 보면 모두가 다 대안적인 사회를
꿈꾸고 있음을 알 수 있어요. 작은도서관, 환경,
마을문화예술, 마을학교, 초등방과후돌봄,
성평등, 커뮤니티케어, 청소년공간,
도시재생, 복지, 마을자치, 사회적경제,
교육협동조합, 청년 등 이런 지역의 문제에
참여해서 구체적인 대안을 만들었으면 해요.
시민들의 참여가 지역사회를 바꿀 것이고
그 힘으로 정치를 바꿀 수 있다고 봅니다.

[허] 인권을 기반으로 한 담론이 훨씬 더
많아졌으면 해요. 은평의 좋은 이웃되기
프로젝트처럼 마을에서 살아가는 당사자들의
얘기를 더 많이 들었으면 좋겠어요. 사람을
직접 만날 때 변화 또한 크거든요.

[최] 제가 삶의 방향을 전환한 계기는 지금까지의 제
소비패턴을 바꾸면서입니다. 이혼을 망설일 때
하루는 현재의 삶을 유지할 때의 지출과 이혼
후 유지하는 데 드는 비용을 다 적어보았어요.
그랬더니 두 삶의 비용이 너무 차이가 나는
거죠. 이혼을 하면 경제적 책임을 스스로 져야
하는데 그것을 내가 감당할 수 있을까. 그때 제
삶을 전환하게 된 것은 리사이클링이었어요.
어떤 사람이 속옷 빼고는 전부 리사이클링으로
삶을 살아가는 것을 보았어요. 리사이클링으로

충분히 삶이 가능하다는 그 말이 크게 힘이
되었어요. 저렇게도 살 수 있구나. 그러나
살아보지 않으면 모르잖아요. 결정을 하는 데
중요한 요소가 된 거예요. 막상 해보니 그 전과
그 후 내 삶의 질이 다르지 않았어요. 어떤
전환을 꿈꿀 때 경제적인 이유로 망설이잖아요.
이 삶을 선택하는 데 수입이 줄어, 그러고도
나는 행복할 수 있을까, 그게 불안이죠. 삶의
양식은 경제적인 영향이 가장 크잖아요. 누군가
경험해본 사람의 경험에 힘을 얻어 손수건을
쓰고 자동차 없이 걸어다니고 소비를 최대한
줄였어요. 내가 지속적으로 건강하게 살려면
꾸준히 해야 하잖아요. 소비를 줄이는 것은
찌질한 게 아니고 당연히 가야할 길이죠.
지역에서 이런 것이 주류가 되면 모두가
편하게 이 삶을 선택하게 되지 않을까요.

[이] 저는 누가 지역의 주인일까 생각해요. 최근엔
행정과 하는 일이 많아지니까, 1년 만에
바뀌는 공무원 때문에 사업이 자꾸 원점으로
돌아가는 경우가 많았어요. 주무관이 바뀌거나
행정이 바뀌어도 주민들이 중심이 되어야
마을공동체가 성장하고 지속될 것 같아요.

[조] 모두의 가슴 안에 있는 페미니즘을
끌어낼 수 있는 역할을 하는 사람들과
조직이 마을에 필요해요. 보듬고 밀어주는
선배같은 따뜻한 사람들이요.

Q9. 에코페미니스트로서,
앞으로 마을에서 하고 싶은 일

[최] 마을 사람들과 함께 세바시 같은 것을 하고
싶어요. 동네 에코컨퍼런스. 저렇게 살아도
되는 거구나. 마을에서 실천하는 사람들의
경험을 나누고 어떻게 살 것인가 나누는.

[김] 저는 지역의 정치인을 바꾸고 싶어요. 좋은
정치인이 많이 나올 수 있는 환경을 만들고
싶고 여성 건강 자조모임인 봄봄(나를 돌봄,
서로를 돌아봄)도 다시 했으면 하고 환경의제를
더 힘 있게 키웠으면 해요. 플라스틱 없애기
등의 구체적인 실천도 지역에서 했으면 합니다.

[조] 요즘은 더 많은 회원들을 모으는 데 집중하고
있어요. 마을밥상, 플라스틱, 일회용 컵
안 쓰기도, 무상생리대도. 마을에서 더
많은 관심을 갖고 연대하고 싶어요.

[허] 10년이 넘는 시간 동안 계속 개발해왔던
콘텐츠를 꿰어서 '에코페미니즘 마을학교'를
만들고 싶어요. '초록상상 정치인학교'도
만들고요. 꼭 우리 회원이 되지 않아도 저 정도
거치면 마을활동가라고 인정되는 그런 학습
공동체가 필요하다고 생각해요. 최근 관심
있는 주민들이 꽤 생겼다는 생각이 들어서
적극적으로 추진해볼까 고민 중이에요. 하하.

Q10. 에코페미니즘에
동참하고 싶어도
방법을 모르는 사람들에게

[김] 일단 인터넷에서 '여성환경연대'를 검색해서
찾아보세요. 여성환경연대 회원들이 운영하는
중랑구, 구로구, 강동구, 성북구, 성동구
등에 에코페미니스트들의 모임이 있어요.

[장] 여성단체 안에도 요즘은 환경에 관심
있는 여성모임이 많아요. 생협도
에코페미니즘에 동의하는 마을모임을
많이 하고 있어요. 각 마을에서 건강한
여성 조직들을 찾아보는 것도 좋겠죠.

[허] 주변의 마음 맞는 사람을 만나서 작은
소모임이라도 시작해보시면 좋겠어요.
요즘은 모든 지역에 마을지원센터가 있어서
3명만 모이면 모임을 지원하는 정책도
있고요. 관심을 가지면 모든 자치구에
마을공동체 사업과 모임이 있습니다.

[최] 꼭 지원을 받지 않더라도 동네 모임이나 친구
모임을 만들어서 충분히 즐거운 시간을 먼저
갖고 차츰 지역에 관심을 가지면 좋겠어요.

에코페미니스트로 동네에서 잘 살기

나를 돌보고, 서로를 돌아보는 시간

Writer. 채은순
여성환경연대 지역위원.
신나는여성자갈자갈 운영위원.
그림을 그리고 글을 쓰고 바느질을 하며,
'나의 여성 이야기'를 기록하고, 만드는 중이다.

한가한 주말, 음악을 틀어놓고 좋아하는 차를 한 잔 우린다. 의자에 앉아 집안을 둘러보니 빨래통의 넘쳐나는 빨래가, 바닥의 먼지가 거슬린다. 색깔별로 옷을 분류해서 세탁기와 청소기를 하고 나면 차는 이미 식어 있다. 오늘도 다른 사람을 돌보느라, 주어진 일을 해내느라 나에게 소홀해지고 만다.

이것이 많은 여성들의 일상이다. 내 시간인데 내 시간이 아니고, 쉬고 있지만 해야 할 일이 머리에서 떠나지 않을 때가 많다. 그런 내 몸 여기저기가 삐걱거리며 신호를 보낸다. 주변에 "몸이 예전 같지 않다"고 말하면 대부분 효과가 좋은 건강식품이나 용한 병원을 추천한다. 살이 쪄서 그렇다면서 운동센터를 권하기도 한다.

다양한 몸의 경험, 다른 체형, 삶의 조건은 덜 살피고 몸이 보내는 신호를 전문가와 자본주의에 맡긴다. 봄봄(나를 돌봄 우리를 돌아봄)은 그 틀에서 한 발 물러서 내가 내 몸의 주도권을 갖자는 운동이다. 다양한 활동을 통해 몸과 마음이 연결되어 있고, 우리 몸이 자연의 일부임을 확인한다. 몸 돌보기와 소비를 등치시키지 않고, 삶의 방식을 돌아보는 기회로 삼을 수 있다.

온전히 나만을 위한 시간이
절실한 현대 여성들

많은 여성이 타인을 돌보는 것은 익숙하지만 자신 돌보기에는 서툴다. 이런 여성들을 위한 건강자조모임을 제안한다.

참여자는 자신을 위해 시간을 할애하기로 마음먹는 여성 10명

내외이다. 연령과 경험, 상황 등의 제한은 없다. 야근을 마다않고 일에만 몰두하다 몸이 급격히 나빠져서 퇴사한 이웃이, 손녀를 돌보기 위해 주말부부가 된 60대가, 감정만큼 에너지도 격변하는 때인 갱년기에 있는 50대가, 꽃잎반 5세 아이를 돌보느라 화장실 갈 시간도 부족한 보육교사가, TV 건강프로그램조차 볼 여유 없이 바쁜 50대 자활 노동자가 모두 그 대상이다.

이런 여성들이 한 팀이 되어 자신과 서로 돌보기를 목표로 6~10주 동안 만난다. 참여한 스스로에게 응원을 보내고 옆 사람이 마지막까지 참여할 수 있도록 지지를 보낸다. 자기 돌봄을 실천한 사람의 경험과 성찰로 시작하지만 참여자의 지혜를 모을 수 있게 상호관계를 중요한 덕목으로 여겨야 한다. 서로의 이야기를 공유하며 삶을 돌아보고 생활의 조건의 변화를 도모한다. 개인의 건강이 모두 개인의 책임이 아니라 사회구조의 문제임을 인식한다.

봄봄
모임을 시작하기 전에

모임을 본격적으로 시작하기 전에 참여자들끼리 약속할 것이 두 가지 있다.

1. **몸과 마음 다이어리 적기:** 기록으로 남기려고 의식하면 내 몸의 소리에 점점 더 귀를 기울이게 된다. 늘 손이 닿는 곳에 다이어리를 두고 적으면서 나를 위해 다짐한 약속을 잊지 않고 지키고 자신에 맞춰 변화를 준다. 무엇을 먹었는지, 어떤 활동을 했는지 그때그때 느낌을 적으며 몸과 가까워진다.

2. **서로 적극적인 응원 보내기:** 나를 위해 뭔가를 할 때 변수들이 많이 생긴다. 내가 정말 원하는 일인지 묻기라도 하는 것처럼 생각지도 않던 일이 생기고, 가족이 아프기도 한다. 2~3달을 온전히 나를 위해 쓰는 것은 생각보다 어렵다. 흔들릴 때 참여자 간의 지지와 지혜를 나누는 일은 지속할 힘이 되는 버팀목이다. 사회적 관계가 건강의 중요한 요건임을 인식하는 계기도 된다.

준비가 됐다면, 본격적으로 활동을 시작해보자.

나의 생각 들여다보기

뇌 구조 그림을 이용해 자기의 관심사 알아보기. 관심
과 주의를 기울이고 있는 생각을 나열하고 얼마나 비중
을 차지하는지 표시한다. 이 과정을 통해 자기 외의 사
람들에게 얼마나 집중하고 있는지 객관적으로 보고 자
기 삶에 더 집중하고 균형을 잡을 수 있다.

활동 ⋯ 몸과 마음의 기록 쓰는 방법 안내
　　　　(식사, 느낌, 활동 내용을 규칙적으로 쓰기)
과제 ⋯ 몸과 마음 다이어리 적기

건강의 조건 들여다보기

본인의 건강 상태를 알고 개인과 사회적 책임으로 나누
어 말하기. 건강을 개인의 습관과 연결하다 보면 모든
책임이 개인에게만 한정된다. 충분하게 이야기되지 않
은 성별 차이, 사회적·경제적 불평등, 사회적 관계 등
이 건강에 미치는 영향 등을 살펴본다. 사회적 조건에
대해 알면 다른 단위의 역할에 대해 말하고 요구할 수
있다.

활동 ⋯ 〈건강곡선〉 태어나서부터 지금까지의 몸과 관
　　　　련된 기억을 선으로 표현하기
과제 ⋯ 앞으로 봄봄 기간 동안 본인의 건강을 위해 스
　　　　스로가 할 수 있는 약속 정하기

몸으로 놀기

다양한 몸놀이를 통해 몸을 움직이는 즐거움, 자유, 내 몸이 가진 숨은 힘을 느껴본다. 너무 따뜻하게, 너무 시원하게가 아닌 여름에는 좀 덥게, 겨울에는 좀 춥게 지내며 자연의 흐름과 시간에 맞추어 생활하려 애쓴다. 야간근무를 해야 한다면 암막커튼으로 빛을 가리고 자는 등 숙면을 위한 환경을 만든다. 소비자는 야간근로를 지향하지 않는 기업의 제품과 서비스를 이용한다.

활동 ⋯ 운동을 위해 기계나 운동기구에 의지하기보다 햇빛, 바람, 땅의 기운이 통하는 곳에서 여럿이 어울려 논다. 위축되었던 몸에 자연의 에너지를 담을 수 있다. 텃밭을 가꾸고 수확물로 밥상을 차려봄으로써 자연과 나의 연결을 체감한다.

과제 ⋯ 가까운 거리는 걷는다. 지구의 흐름에 맞춰 생활한다.

아름다움 다시 말하기

여성에게 강요하는 미의 기준, 외모 지상주의에 대해 안다. 미인의 기준은 시대마다 달라지고 점점 빠르게 변하고 있다. 몸을 그렇게 변환하는 것은 자본에 의지해서만 가능하다. 타인의 시선과 자본이 만든 기준에 내 몸을 맞추는 것이 아니라 미를 강조하는 사회에 시선을 돌리고 저항한다.

활동 ⋯ 외모 지상주의에 저항하는 방법, 에코 화장법

과제 ⋯ ○○하지 않고 일주일 살아보기(화장, 외모로 인사, 브래지어 등), 다양한 몸, 다양한 아름다움 긍정하기

월경 긍정하기

사회마다 정도의 차이는 있지만 월경의 터부는 여전하
다. 월경은 숨기거나 부끄러워해야 하는 것이 아니라
자연스럽게 일어나는 몸의 현상이다. 사회는 월경하지
않는 몸을 정상이라고 하고 그렇지 않은 몸을 배제한
다. 우리 모두에게는 자신의 정체성이나 사회적 조건과
관계없이 안전하고 자유롭게 월경할 권리가 있다. 또한
사회는 유해물질 없는 안전한 월경용품으로 건강권을
보장해야 한다.

활동 ⋯ 면월경대 만들기, 어떤 월경용품을 선택할 것
　　　　인가(경험 나누기)

생활 속 유해물질과 우리

고정된 성 역할을 수행하느라 화학물질을 더 많이 사
용하고 생물학적 특성으로 인해 몸에 더 많이 축적되
는 여성. 깨끗하게, 안전하게를 강조하면서 더 늘어나
고 있는 생활용품 속 유해물질들은 나를 거쳐 자연으로
돌아간다. 뿐만 아니라 그것을 만들기 위해 노동자들은
더 큰 위험을 감수해야 한다. 이 일련의 과정들을 이해
한다.

활동 ⋯ 빼기로 심플라이프(단순하고 안전한 제품으로
　　　　바꾸기).

과제 ⋯ 텀블러 들고 다니기. 유리·스테인리스 용기
　　　　쓰기. 비닐봉투 대신 에코백 쓰기. 하루 3번
　　　　30분 환기하기

활동을 통해
달라질 수 있을까?

봄봄 활동을 통해 몸, 마음, 자연, 우리를 연결하게 된다. 일과 역할에만
몰두했던 일상을 벗어나 자기를 중심에 두고 균형을 잡게 된다.
건강자조모임을 생각하면 처음에는 건강용품과 병원을 공유하는 정도를
떠올리지만 모임이 끝날 때는 그 차원을 넘을 수 있다.

전문가가 아닌 이웃이 만나 서로의 차이를 인정하고 다양한 삶의
방식을 공유하게 된다. 또 모임 후에 지속적인 관계와 사회의 변화를
도모할 다른 영역으로 확장을 꾀하기도 한다.

바른 먹거리를 찾아서

Writer. 최형미
딜레마, 다양성, 차이 그리고
교차성에 관심을 두고 다중 억압이 공존하는
아시아 여성운동과 에코페미니즘을 연구하고 있다.
대학과 '다중지성의 정원'에서 에코페미니즘을 강의하며
여성신문에 칼럼 '최형미의 다시 만난 세상'을 연재했다.

에코페미니즘은 생태계의 원리로 세상을 이해한다. 생태계란 먹이 사슬이다. 이 세상의 모든 생명체는 서로에게 먹이가 되어, 서로 생명이 유지되도록 봉사한다는 의미다. 이런 의미에서 에코페미니즘은 먹거리 철학을 그 기초로 한다.

최근 '식탁이 오염되었다'는 말을 공공연하게 듣는다. 먹이사슬이 망가진 것이다. 오염의 주범은 농약과 GMO(유전자 조작 식품)다. 더 많이 생산하고, 더 상품성을 높이려는 기술이 식탁을 오염시킨 것이다.

'에코페미니스트의 어머니'라 불리는 인도의 과학자이자 환경운동가 반다나 시바는 이익만 생각하는 기업이 기술과 유통을 장악할 때 이런 일들이 일어난다고 콕 집어 말한다. 우리는 채소를 사놓고 어떻게 씻어야 하나 인터넷을 뒤지고, 슈퍼에서 제일 비싼 달걀을 사지 않으면 이것이 안전한 것일까 한참을 망설인다. 이런 틈새로 유기농 식품이 만만치 않은 가격으로 거래되고 있으니, 식량이 또다시 계급사회를 가속화시키는 것이 아닌가 우려된다.

우리의 식탁은
언제부터, 왜 오염된 걸까?

왜 이런 일들이 일어났을까? 건국대학교 윤병선 교수는 세계 농업과 식품체계가 다국적 기업들의 돈벌이 수단으로 전락하면서 농민과 소비자를 소외시켰다면서 기업을 원인으로 지목했다. 부가가치가 많이 남는 공산품에만 관심을 가졌던 기업이 농업으로 눈을 돌리면서 이런 일이 생겨났다는 것이다. 윤 교수는 이것을 가능하게 한 결정적인

사건으로 '녹색혁명'과 '우루과이라운드 무역관련지적소유권 협정(1986)'을 언급한다.[1]

1970년대에 일어난 '녹색혁명'은 '식량증산으로 누구나 배부르게 먹을 수 있게 해준다'는 초록의 꿈을 사람들에게 확산시켰다. 그러나 이것은 농업이 대량생산화, 산업화되는 결과를 낳았다. 녹색혁명 이후 농약 사용 증가, 토지 황폐화, 다양한 식물군 멸종 현상이 나타났고, 농민들은 농약중독에 시달렸다. 모두가 손해를 봤지만 농약 생산자, 종자기업과 농기계 기업만이 이익을 본 것이다.

윤 교수는 또한 1986년 우루과이라운드에서 '무역관련 지적소유권' 문제가 GMO를 가속하는 결정적인 역할을 했다고 주장한다. 이 협정에 물꼬를 튼 결정적인 계기는 플라스틱을 분해하는 박테리아의 발견이다. 이 박테리아에 특허권을 인정하게 되면서 생명체에 대한 특허권이 국제적으로 보호되는 작업으로 이어졌다. 인류에게 중요한 발견을 한 과학자의 노고를 존중하고 보호하는 것은 당연한 일인 것처럼 보이지만, 생명체에 대한 특허권 인정은 그 후 인류사에 엄청난 영향을 미치게 되었다.

발 빠른 기업들은 선주민들의 자연과 의학 지식을 자신의 것인 양 서둘러 특허를 내버렸고, 유전자를 조합해서 자신들이 원하는 GMO식품을 만들기 시작했다. GMO개발에는 엄청난 자금이 들어가지만, 일단 개발하면, 지적소유권을 보장받아 로열티를 받을 수 있다. 사람들이

---

1 윤병선(2015), 〈농업과 먹거리의 정치경제학〉, 울력

많이 먹는 옥수수, 대두, 토마토, 벼, 연어 등의 형질을 약간 바꿔서
판매해도 대를 이어 월세를 받듯 전 세계 사람들에게 로열티를 받을 수
있게 된 것이다.

> 유전자조작 콩으로 만든 두부는 인체에 무해할까?
> 유전자조작 옥수수로 만든 사료를 먹고 자란 소를
> 사람이 먹는다면?
> 여전히 논란의 중심에 있는 GMO 안전성 문제

기업들의 주장대로 GMO식품은 안전할까? 2012년 프랑스에서 쥐에게
2년간 GMO 콩을 먹이는 실험을 했다. 실험에 동원된 대부분의 쥐들은
종양에 걸렸고, 그중 탁구공만한 종양을 울퉁불퉁하게 갖게 된 쥐들의
사진이 공개되어 사람들을 경악하게 했다. 그러나 반대 팀은 이것이
GMO 때문이 아니고 쥐의 노화 때문이라고 주장하며 이견은 좁혀지지
않았다. 이렇게 GMO는 여전히 유해성이 논란 속에 있다.

기업들이 인류를 위해 GMO를 개발하는 것이라는 주장들은 사실상
거짓이라고 홍익대 김훈기 교수는 언급한다.[2] 예를 들어 GMO작물을
쓰면 제초제나 살충제를 덜 쓸 수 있다고 주장하지만 내성이 강해진
잡초를 없애기 위해서 더 강한 제초제나 살충제를 사용해야 한다는
것이다.[3]

---

2 김훈기(2017), 〈GMO: 유전자 조작 식품은 안전할까?〉, 풀빛
3 Nature발표(2003)

기업들은 GMO가 인류를 기아에서 살려낼 거라고 휴머니즘적 주장을 하지만, 2010년 GMO를 금지한 유럽연합의 단위당 농업생산량이나 GMO를 경작하는 미국 농산물의 단위당 농업생산물에는 의미 있는 차이가 나지 않는다는 연구가 발표되었다. GMO 씨앗으로 엄청난 양의 식량을 생산할 거라는 주장은 허풍인 것이다.

GMO는 그 안전성이 아직 보장되지 않았고, 생태계를 교란시키며, 기아의 대안이 될 수 없다는 것이 밝혀졌다. 그러나 기업은 여전히 GMO시장을 블루 오션으로 보고 있다. 지금은 바이엘과 합병을 하고 이름을 바꾼 몬산토의 대주주이기도 한 빌게이츠는 아프리카 사람들이 주식으로 먹는 바나나의 GMO 개발에 투자를 하고 있다. 아프리카 사람들도 매끼 식사 때마다 기업에 로얄티를 내야 할 것이다. 그럼에도 불구하고 기업은 빈곤 해결을 위해 GMO 개발을 한다고 주장한다. 반다나 시바는 "진정 빈곤 해결을 원한다면 GMO개발이 아니라 농민들에게 투자하라"고 주장한다.

거대 자본에 대항하는
소규모 공동체의 작은 식탁

오염된 우리의 식탁을 보호할 수 있는 방법이 없을까? 여성환경연대의 활동가이자 농부시장 마르쉐를 운영하고 있는 이보은 대표의 이야기를 들어보자.

그는 마르쉐 창립의 중요한 계기가 된 2010년에 교육활동가들과 함께 한 일본스터디 여행에 관해 이야기한다. 이 여행은 '마을활동이

어떻게 여성일자리를 만들 것인가?'에 대한 질문을 가지고 떠난
것이었다.

　　이대표가 이끈 교육활동가 팀은 많은 지역 활동가들을 만났다.
"마을 식당에서 지역 토종 콩으로 만든 유부초밥을 한입 베어 무는
순간, 이걸 만든 사람은 누구이고, 그 관계 속에서 그들이 지향하는
삶의 가치가 무엇인지 확 느껴졌다. 어설프게 남들을 가르치려 하지
말아야겠다는 생각이 몰려왔다" 이 대표는 말로 설명하는 것보다 좋은
음식을 맛보게 하는 것이 더 소중하다는 것을 자각한 순간이었다고
덧붙였다. 그의 이 경험은 공동체의 놀이마당이며 먹거리 공동체인
옥상텃밭의 꿈을 꾸게 하였고, 마르쉐로 이어졌다.

　　사람들은 마르쉐가 중산층 운동이 아니냐고 묻는다. 이대표는
"마르쉐에 참여한 사람들은 농부가 되고 싶은 사람, 수공예 생산자가
되고 싶은 사람, 요리사가 되고 싶은 사람들이다. 비싼 농산품을 파는
농부들이 아니다. 아이를 돌보느라 더 이상 디자이너로 살아가기 어려운
여성들이 앞치마를 가지고 온다" 이렇게 마르쉐는 낮은 곳에서 처음
시작하는 사람들과 손을 잡는다. 마르쉐를 찾아온 그들과 직관으로
소통한다.

　　시들지 않는 농산물,
　　더 크고 당도 높은 농산물보다
　　이 땅의 다양한 맛을 가진 농산물을 환영합니다
농부시장을 운영하고 요리를 판매하기 시작하면 사람들이 거칠게

공격한다. "무슨 자격으로 음식을 파는데? 식품위생법 허가받았나?"
그러나 이 대표는 이렇게 답한다. "마르쉐는 법에 의거하지 않는
전위적인 운동이다. 그래서 사람들에게 말랑말랑한 이야기로 접근하고
있다. 그들이 각종 규제법을 들고 나오면 전면전을 할 힘이 없다.
마르쉐는 제도권 밖에서 할 수 있는 운동이다"

　　이 대표의 말처럼 마르쉐는 음식과 농업이 농부와 시민들의
것이 되기 위한 방법을 끊임없이 고민한다. 마르쉐의 역할에 대해
그는 "젊은이들이 농부시장을 하나의 트렌드로 인식한다면 그것으로
족하다"고 했다. 농부시장이 제도 안으로 들어가려면 '마켓컬리'나
'헬로네이처'가 된다. 부가가치를 더 높이기 위해 시금치보다는 육개장과
같은 가공품을 만들어 파는 그들과 마르쉐는 근본적인 질문이 다르다.

　　마르쉐에 오는 사람들이 함께 더 좋은 먹거리에 대해 대화하고
질문하며 변화를 이끌길 원한다. 마르쉐가 'NON GMO'를 전면으로
내세우지 않는 이유다. 이에 대해서 이 대표는 "GMO를 자격 기준으로
내걸 수는 없다. 그러면 직접 재료를 생산하지 않는 요리사들은 물엿

때문에, 식용유 때문에 시장에 참여하지 못하게 될 것이다. 물리적인
기준은 없지만 마르쉐 참가자들은 바른 먹거리에 대한 인식이 뛰어나다.
그 어떤 시장보다 NON GMO식품 비율이 높다고 확신한다"고 말했다.

　　　　마르쉐 운영자와 참가자 모두 좋은 먹거리에 대한 확고한 생각을
가지고 있다. 제도권 밖의 청년들이나 소상인들의 처지를 이해하고
기다려 줌으로써 변화의 가능성을 동시에 열어두고 있다. 이보은 대표는
마르쉐 운동의 의미를 이렇게 말한다.

　　　　"마르쉐 농부들은 자기 땅에서 채종한 씨앗을 심어 모양과 맛이
다른 채소와 과일들을 들고 나온다. 그것이 항상 좋은 것은 아니다.
그러나 농부의 땅에 토착화되는 과정 속에서 등장한 다양한 씨앗과
그것으로 만든 식품도 반드시 유통되어야 한다. 대기업들은 다양성을
우려하며 모두 똑같은 맛을 내야 한다고 보지만 마르쉐는 다르다.
마르쉐는 이 땅의 다양한 맛과 씨앗을 지켜간다. 토종쌀로 된 음식을
먹고 그것을 지켜가는 것이 중요하다. 마르쉐는 무엇을 하자고 주장하기
보다는 이것을 맛보는 것에 가치를 두고 있다."

마르쉐,
사람과 사람을
연결하는 시장

마르쉐 채소시장 ───────
@ 합정

⬤◐◯
www.marchewithseoul
f / @ marchewithseoul
1 / @ marchefriends

2019. 7. 23. 화요일
11:00 ~ 15:00
서울 마포구 합정동 357-7
무대륙

Writer. 이보은
농부와 소비자를 연결하는 시장 마르쉐@ 대표.
재미나고 의미 있는 일을 벌이는 것을 즐긴다.

(사) 농부시장 마르쉐, 마르쉐친구들, aT, 무대륙

※이 내용은 '2019 에코페미니스트들의 컨퍼런스: 세상을 뒤집는 다른 목소리' 중 이보은 활동가의 발표 '삶을 연결하는 시장 이야기' 내용을 발췌 요약하였습니다.

여러분은 언제 가장 행복하세요? 맞아요, 먹을 때. 저도 그렇습니다. 먹으면서 맛있는 걸 얘기할 때 제일 행복합니다.

저는 마르쉐 농부시장을 하면서 제 동료들과 시장에서 함께 먹을 걸 차려놓고 같이 나눠먹는 이 시간이 너무 행복하고 그래서 이 일을 계속합니다. 훌륭한 활동가들이 참 많지만 저는 책상에서 하는 일을 잘 못합니다. 그냥 설명하거나 주장하지 않아도 경험하면 알 수 있는 일, 먹으면 알 수 있고 마시면서 느낄 수 있는 일. 그런 일을 하고 싶었습니다. 사무실을 나와서 제 스스로에게 여성환경연대 비상근 프로젝트 코디네이터라는 아주 장황한 이름을 붙였습니다. 그리고 여성환경연대 활동가들을 꼬여서 옥상의 빈 땅을 개간하기 시작했습니다.

첫 프로젝트가 문래 옥상텃밭이었어요. 낡은 옥상을 세 번이나 치우고 나니 작지 않은 텃밭을 얻을 수 있었습니다. 이 일이 너무 재미있어서 서울 홍대 다리텃밭 도시 공간에 텃밭을 일구었죠.

내가 먹는 것을 어디에서, 누가, 어떻게 키웠는지
묻고 답할 수 있는 곳

사람들은 잘 모르는데요. 도시농업이라는 게 정말 생소하던 시절부터 여성환경연대는 옥상에 텃밭을 만들고 있었습니다. 홍대 다리텃밭이

무려 다섯 번째 프로젝트였어요.

첫 옥상텃밭인 문래 옥상텃밭에서 상추와 치커리가 자라나서 첫 수확을 앞둘 무렵에 생각했어요. '이 귀한 수확물을 더 즐겁게 먹을 방법은 없을까?' 사실 아직 수확을 하려면 한 달쯤 족히 남았을 시점이었는데 홍대 앞에서 채식 오가닉 카페를 하는 김수향 대표를 만났어요. 내가 열심히 길러줄 테니 카페에서 사주면 안 되겠니, 하고 제안했죠. 그때가 2011년 봄, 4월이었습니다.

그녀는 재일동포였어요. 그녀의 고향은 요코하마였는데, 막 후쿠시마 대지진을 겪고 돌아왔던 당시를 생생하게 전해주더라고요. 비가 한 번 오니까 세슘 공포로 채소와 물 먹기가 무서워졌다고요. 그리고 이런 얘기도 해줬습니다. 이번 지진을 겪고 나서 이제서야 여태까지 자신이 후쿠시마산 전기를 쓰고 쌀을 먹고 살아왔다는 걸 알게 되었다고요.

현대사회는 내가 쓰는 것이 어디에서 어떻게 왔는지 보여주지 않는 사회죠. 사실 알고는 못 먹을 것들. 알고는 못 쓸 것들이 너무 많아요. 사실 그걸 안다고 해서 우리가 세상을 바꿀 수는 없지만, '적어도 알려고는 해야 되지 않을까?'라는 생각이 들었습니다. 그 자리에서 시장을 만들자고 했죠. 그렇게 우리는, 우리가 먹는 것이 어디에서 누가 어떻게 키웠는지 묻고 답할 수 있는 장을 만들기로 했습니다. 그렇게 만들어진 시장이 '마르쉐'입니다.

마르쉐는 먹거리를 매개로 생산자과 소비자가 만나는 시장입니다. 2012년에 첫 시장을 열면서 단박에 알 수 있었어요. 이곳에서 오고가는 대화가 우리를 정말 행복하게 만들 거라는 점을요.

생산자와 소비자의 역할에 대해
배우는 학교 같은 시장

마르쉐에는 농부와 요리사, 수공예가가 참여합니다. 매달 한두 번씩 시장을 열어오면서 문득 이런 의문이 들었어요. '이건 시장이 아니야. 도대체 뭐지?'

장을 보면서 내가 먹는 과일 한 개, 채소 한 입이 어디서 오는지 알고 있다는 것은 굉장히 특별한 흥분이 됩니다. 냉장고에 돌아다니는 채소 자투리를 버리려다가도 무꼬다리 하나도 소중히 건네던 농부의 얼굴을 떠올리면 쉽게 쓰레기통에 넣지 못하죠.

농부도 마찬가지입니다. 손님의 얼굴을 떠올리면서 씨앗을 심게 된다고 하더라고요. '그 할아버지는 우리 집 상추의 보드라운 맛을 좋아하셔. 그 할아버지를 위해서 씨앗을 뿌리겠어. 우리 집 토마토를 따서 요리를 만드는 요리사를 위해서 맛있는 토마토를 길러보고 싶어.'라고요.

손님들과의 관계는 농부들을 변화시키더라고요. 씨앗을 이어가는 농사는 정말 귀찮고 성가신 일이 많아요. 하지만 농부들이 씨앗을 이어가기 시작했고 다품종 소량 생산을 했고 유기농사에 재배하고 자연재배에 성공했습니다.

100명의 농부에게는 100가지 씨앗이 있고, 맞서고 있는 환경이 있고, 그들이 이어가고 있는 지혜가 있고, 그들만의 농법이 있어요.

실로 엄청난 것들을 가지고 계시죠. 그러다보니 시장에서 나누는 대화는 풍요로울 수밖에 없습니다.

농부들과의 관계 속에서 요리사들은 자신만의 음식을 만들고 예술가들은 작품을 구상하죠. 농부의 밤 농장에 가서 밤을 줍고 오면 핸드프린팅 밤 패턴을 넣어서 수공예품을 만드는 식이에요.

시장에서의 대화는 다른 삶으로 나아가도록 합니다. 처음에는 뭐가 맛있는지, 어떻게 길렀는지에 대한 대화가 대부분이었어요. 그런데 어느 순간 이걸 어떻게 만들어서 밥상에 올려야 할 지, 어떻게 생산할 수 있는지, 나와 함께 할 수 있는 협업이 없는지 이런 일들을 고민하게 되더라고요. 그렇게 마르쉐를 통해 또 다른 새로운 일들이 만들어지고 있었습니다.

마르쉐를 통해
자신의 삶을 만들어가는
농부, 요리사, 공예가를 보면서

우리의 관계 중심에 '농(農)'이라는 가치가 자리잡고 있다는 것을 깨닫는 데 그렇게 오랜 시간이 걸리지 않았어요. 그러면서 2014년 8월, 시장의 이름을 '농부시장 마르쉐'라고 바꾸었습니다.

더 오랫동안 시장을 운영하려면 좋은 환경은 필수겠죠. 처음 시장을 열 때부터 시장에서는 일회용기를 쓰지 않았어요. 음식을 그릇에 담아 판매하면, 따뜻한 격려와 조언들과 함께 빈 그릇이 돌아왔습니다. 그릇을 씻기 위해 자원봉사자들이 시장에 참여하기 시작했죠.

손님들은 음식을 사기 위해 자신들의 식기를 챙겨오고, 농부들에게 줄 종이봉투도 모아주셨습니다. 소비자와 생산자들의 그런 관계가 쌓이면서 우산우소(友産友消, 친구가 만들고 친구가 소비하다)라는 새로운 관계가 생겼습니다.

　　씨앗밥상이라는 프로그램도 있어요. 요리사가 농부의 밭에 가서 하나의 씨앗이 한 접시 음식이 되기까지 과정을 같이 경험하고 이야기를 나누며 손님들과 식사를 하는 모임입니다. 20번째 해오고 있어요. 1년 벼농사를 같이 짓기도 하고, 마르쉐 시장 참여자들이 소비자와 함께 농부들이 일하는 현장으로 달려가 함께 일하고 땀흘리며 그들의 삶을 배우죠.

　　2019년, 마르쉐는 큰 용기를 하나 더 냈습니다. 생산자와 소비자가 만나는 소중한 장보기가 동네에서도 정기적으로 이루어졌으면 좋겠다는 생각으로 '작은 채소가게'를 열기로 한 것입니다. 효율과 경제논리에 밀려나는 것은 씨앗과 농부만이 아닙니다. 가장 위험한 것은 우리들의 밥상이죠. 생산과 소비가 연결되는 식탁을 위해 작은 채소가게가 도움이 되었으면 좋겠습니다.

　　사실 농부들과 이야기하는 재미에 빠지면 대형 마트는 지루해질 것입니다. 한번 같이 해보세요. 먹거리를 통해서 생산자와 소비자, 도시와 농촌, 생태와 사람 그리고 우리 모두의 삶은 긴밀히 연결되어 갑니다. 여러분들과 계속 연결되어 가고 싶습니다.

도시의 빈 공간을 가장 완벽하게 쓰는 법

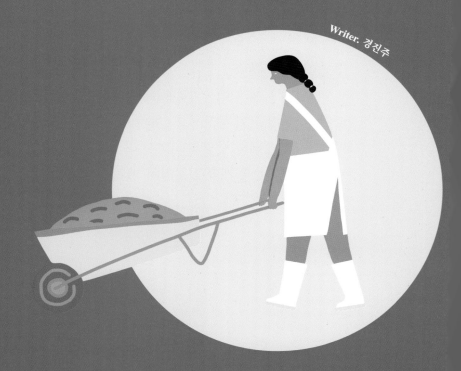

Writer. 정진주

문래 도시텃밭　고층 빌딩과 신축 아파트 사이에 오래된 철공단지가 자리 잡고 있는 문래 3가에 2011년, 문래 도시텃밭을 조성했다. 허름한 당구장 건물 옥상에서 동네 예술인들과 지역 주민들이 틔우는 초록빛 오아시스! 차가운 콘크리트 위에서 흙 냄새를 풍기며 문래동에서 활동하는 사람들이 모이는 문화공간으로 자리 잡았다.

이대 목동병원 텃밭　여성환경연대는 2011년~2012년 이대목동병원에 텃밭을 조성하고, 환우들과 함께하는 텃밭 프로그램을 열었다. 환우들은 병원의 텃밭에서 흙을 만지고, 씨앗을 심고, 힘을 합쳐 작물을 가꾸고, 수확물을 요리하며 서로에게 지지를 보내고, 치유를 받았다.

생산자에게 이익이 돌아가는 정직한 거래를 생각한다

FAIR TRADE

Writer. 최형미

우리 사회 곳곳에서 일어나는 여성에 대한 폭력과 차별을 다루기도 바쁜데, 페미니즘이 지역분쟁, 핵무기확산, 개발도상국의 노동착취 문제까지 다뤄야 할까?

에코페미니즘은 그래야 한다고 말한다. 인류 전체를 위기로 몰고 가는 환경파괴, 전쟁의 위협은 가부장제의 소산일 뿐 아니라 서로 연결되어 작용하기 때문이다. 에코페미니즘은 남성과 여성의 관계뿐 아니라, 가부장제가 만들어놓은 위계적 세상에 도전해야 한다고 주장한다.

여성의 입장에서
지속 가능한 공정 무역을 고민하다

이런 철학적 이해 위에 세워진 여성환경연대가 초기부터 아시아 지역 여성들에게 관심을 보인 것은 당연하다. 다섯 명의 활동가로 꾸려진 공정 무역 사업 준비 팀은 베트남, 태국, 네팔, 일본 등으로 스터디 여행을 떠났고, 결국 여성환경연대의 품에서 '페어트레이드 코리아'가 길러져 독립하게 되었다. 초기부터 여성환경연대 사무처장으로 공정무역을 준비해온 이미영 한국 페어트레이드 대표는 아시아 각 지역을 방문하여 보았던 것을 전했다.

"(개발도상국)사람들을 만나 대화해보니, 그들은 빈곤 문제와 지속가능성 문제를 함께 두고 생각하고 있었습니다. 옛날에는 가난했지만 굶는 일은 없었습니다. 그런데 산업이 발전하면서 빈부

격차가 생기고, 이제는 굶는 사람이 생겨났습니다. 마을에서 일할 만한 인력들이 외지로 빠져나갔고요. 산업화 과정에서 공동체가 파괴된 것입니다. 이런 현상이 패턴처럼 개도국의 여러 나라에서 일어나고 있었습니다. 산업화 과정에서 구조조정이 이루어지면 마을 하나가 날아가는 것은 순간이었습니다."

그는 특히 여성들의 입장에서 이 문제를 바라보았다. 공정무역 인큐베이팅 작업을 하던 여성환경연대는 커피나 초콜렛에 초점이 맞춰져 있는 공정무역에 머물지 않았다. 그들은 여성들이 가장 손쉽게 접근할 수 있고, 적은 자본으로 부가가치를 낼 수 있는 것을 찾았고 그것이 바로 수공예라는 것을 알게 되었다. 그러나 공정무역은 다른 사업과 운영 방법이 달랐다.

페어트레이드의 특징은 현금을 선불로 주면서 이뤄지는 것이다. 그들은 그것으로 원료를 사고 물건을 만들어 1년 뒤에 납품을 한다. 이렇게 현금 회전율이 늦다. 2천만 원을 보내는 것은 믿음과 신뢰가 아니면 불가능한 거래다. 수공예는 단가가 정해져 있다. 1년 전에 생산 기획을 하고, 샘플을 개발한다. 최종 샘플이 나올 때까지 빨라야 3개월이 걸린다.

어려운 것은 이뿐만이 아니다. 네팔 정부는 포퓰리즘 정책으로 2018년에만 최저임금을 3번 인상했다. 아무도 지키지 못할 비현실적인 정책이지만 공정무역 생산자들은 그것을 지켜야만 했다.

공정 무역에서 중요한 것은
돈이 아닌 '자립'

<오래된 미래>의 저자이자 환경운동가인 헬레나 노르베리 호지는
공정무역을 비판한다. 바이어가 지역에서 상품 디자인을 해서 요구하게
되면 전통적인 물품들이 결국 서구인들의 취향에 맞춰지고, 이것 역시
자본주의 시스템 안에서 작동하게 된다는 논리다.

그러나 생존이 가장 큰 과제이고, 생활의 문제가 있는 아시아
지역에서 공정무역이 수행해야 할 역할이 분명 있다. 또 창출된
이익은 지속적으로 그 사회에 기여할 수 있도록 특별한 프로그램에
재투자되어야 한다. 실제로 네팔 날리프와 같은 지역에서는 미소금융을
운영하면서 공정무역을 통해 얻은 이익을 공동체에 재투자했다.

개발도상국 여성들의 경제적 독립을 응원하는
페어트레이드 코리아

여성환경연대의 프로젝트로 시작해 지금은 사회적기업으로 독립한
'페어트레이드 코리아'는 빈곤국가 여성 생산자가 만든 친환경 원료와
핸드메이드 제품을 공정한 가격에 거래하여 생산자의 경제적 자립과
지역의 지속 가능한 삶을 돕는다.

2019년 현재, 네팔, 인도, 방글라데시, 베트남, 모로코 5개 나라의
26개 생산자 단체와 동반자 관계를 맺고 제품을 생산, 판매하고 있으며
생산자는 모두 여성이다.

Nepal 네팔

[마누시, 마하구띠, 영와우, KTS, WSDO, 사나하스타카라, 밀란가먼츠, ACP, THIMI CERAMICS]

· · · 수공예 기술 교육, 경영 회계 교육, 컴퓨터 교육 등과 함께 지역 주민을 위한 무담보 소액 대출 사업도 진행하고 있습니다. 종이, 옷, 인센스, 전통 수공예품 등을 만듭니다.

India 인도

[아샤핸디크래프트, 마야오가닉, 이파드, 사샤, 메르빌, 치칸반, 퓨어코츠, 아바란]

· · · 유기농 원단 생산, 전통 자수, 천연염색 상품을 만듭니다. 더불어 영어 교육, 직업 교육, 전통 수공예 교육 등을 통해 사회적, 경제적으로 자립할 수 있도록 돕습니다.

Morocco 모로코

[티라니민 협동조합]

· · · 아르간 오일을 생산하는 전세계 유일 오일 생산자 협동조합입니다.

Bangladesh 방글라데시

[아티잔헛, 모티프, 스왈로우즈, 아라냐, 프로크리티, 사이드푸르 엔터프라이즈, 텝텝]

• • • 원단 직조, 프린트, 천연염색, 수공예 상품을 만듭니다. 영어, 컴퓨터 교육 및 자녀교육, 의료 지원, 환경 관리 등을 진행하고 있으며, 성매매업 종사자, 난치병 환자 등 사회로부터 소외받는 여성들에게 일자리를 주어 자립을 돕습니다.

Vietnam 베트남

[마이핸디크래프트]

• • • 대나무 공예품, 손뜨개 제품, 종이 공예품을 제작, 판매합니다. 수익금으로 여성의 경제적 자립을 돕고, 직업 훈련을 실시합니다.

플러그를 뽑고 한 박자 천천히, 전기 없는 밤 캔들나이트

Writer. 강희영

'캔들나이트'는 대안생활문화 캠페인으로 한 달에 한 번, 매달 마지막 주 금요일 8시부터 2시간 동안 전기·TV·휴대전화·PC 등 일상 속 문명의 플러그를 뽑고, 촛불을 켜는 행사입니다. 에너지 절약 실천과 삶의 속도를 잠시 늦추자는 생태적이고 대안적인 생활 운동이죠.

캔들나이트 캠페인을 통해 효율성과 편리함만을 위해 달려온 지구공동체의 위기를 돌아볼 수 있습니다. 캔들나이트를 하는 동안은 날로 뜨거워지는 지구, 생태계 파괴로 점점 힘들어지는 지구촌 이웃들의 삶을 생각하면서 자연의 속도를 되찾는 시간을 갖습니다.

일 년 중 낮이 가장 긴 하짓날에는 '캔들나이트 하지축제'를 진행하여, 도심 속 불필요한 에너지 사용에 대한 경각심을 불러일으키고 구체적인 삶의 실천 방식을 공유합니다. 서울광장, 서울 N타워 등 서울의 주요 시설을 소등하고 밀랍초 만들기, 재활용 초 체험 등 시민참여 프로그램과 언플러그드 콘서트를 진행했죠.

캔들나이트를 통해 천천히 가는 삶과 생태적 삶의 방식을 확산하고, '경쟁'과 '무분별한 소비'로 표현되는 현대문명에 대해 성찰해보는 것은 어떨까요? 바로 이번 달부터 누구나 시작할 수 있습니다.

캔들나이트의 유래
캔들나이트는 2001년 북미의 한 단체가 미국 정부의
에너지 정책에 반대하여 인터넷을 통해 전 세계인들에게
'어둠의 물결'을 밝히자고 제안한 데서 시작되었습니다.
2003년 일본의 한 NGO는 이를 '캔들나이트'라고
명명하고 환경, 평화, 성찰 등을 천천히 퍼뜨리고자 하는
생활밀착형 운동으로 확산했습니다.

에코페미니즘

ecofeminism

변곡점에 선 한국 사회

Writer. 김양희
여성환경연대 탄생 때부터 연결되어 현재는 공동대표로 있다.
숲, 시, 재즈 음악, 집밥 모임을 좋아하며, 에코페미니스트로서의 삶에 조금씩 더 가까워지고자 한다.

최근 몇 년 사이에 우리는 많은 비극적인 일을 겪었습니다. 온국민을 슬픔과 분노, 죄책감으로 물들인 세월호 사건을 겪었고, 밀양의 할머니들이 공권력의 부당함에 맞서 벗은 몸을 쇠사슬로 묶고 투쟁하시는 것을 보았습니다. 장애를 가진 아이를 둔 부모들이 지역 주민들에게 무릎을 꿇고 특수학교 건설을 허용해줄 것을 간청하는 모습도 보았습니다. 이런 일들의 배경에는 돌봄이나 생명 가치보다 돈을 우선하는 냉혹하고 경쟁적인 사회 분위기, 공동체의 붕괴, 권력자들의 부패와 무능, 무책임이 있습니다.

우리 사회는 지금 변곡점에 서 있습니다. 정치, 경제, 사회 모든 면에서 그렇습니다. 시민의 촛불로 정권이 바뀌었지만 정치권은 여전히 시민의 수준을 따라오지 못하고 있습니다. 국민으로부터 권력을 위임받은 선출직 정치인들이 권력을 남용하는 사례도 비일비재하죠.

경제적으로도 최상위층을 제외한 모두의 삶이 위협받고 있습니다. 신자유주의에 따른 양극화와 구조적 불평등이 심화되었기 때문입니다. 경쟁지상주의에 지친 사람들은 생존에 대한 불안감에 휩싸여 있습니다. 이것은 사회에 대한 불만과 분노로 표출되고, 흉악범죄가 급증하는 등 도처에 위험사회의 징후가 나타나고 있습니다. 뿐만 아닙니다. 환경오염과 기후변화의 위기가 심각하지만 아직도 과학기술과 산업 전략으로 땜질할 수 있다는 맹신과 개발우선주의에서 벗어나지 못한 이들이 많습니다. 지속가능한 사회를 위한 근본적인 패러다임의 전환이 절실합니다.

우선 인포그래픽을 통해 우리 사회의 불평등에 대해 살펴보죠.

※정해식 외(2018), 사회통합 실태 진단 및 대응 방안 연구(Ⅴ), 308쪽

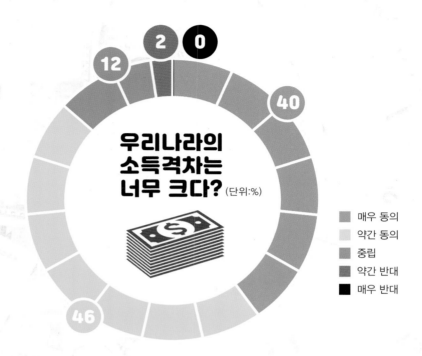

우리나라의 소득격차는 너무 크다? (단위:%)

- 매우 동의
- 약간 동의
- 중립
- 약간 반대
- 매우 반대

" 우리나라 국민의 85% 이상이
소득격차가 너무 크다고 느낀다 "

우리나라 성인 남녀 3,873명에게 "우리나라의 소득격차는 너무 크다는 의견에 동의하십니까?"라고 물었습니다.[1] 그 결과, '매우 동의한다'는 응답이 39.7%, '약간 동의한다'는 응답이 45.7%였습니다. 우리나라의 소득격차가 크다고 느낀다는 의견이 전체의 85.4%에 달한 것입니다. '그렇지 않다'는 답변은 2.7%에 불과했습니다.

상대적인 감정 문제일 수도 있으니 구체적인 수치를 한번 볼까요? IMF체제 이전인 1995년, 우리나라의 상위 10% 소득 집중도는 29.2%에 불과했습니다. 그러나 2000년에는 35.8%, 2008년 43.4%, 2012년 44.9%, 2017년 48.5%로, 미국(50%) 다음으로 높아졌습니다. 소득 불평등이 세계에서 가장 가파르게 심화되고 있는 셈이죠. 2018년 상위 0.1% 근로소득은 하위 10%의 무려 1000배이며, 부동산 임대 소득은 상위 10%가 절반을 독식하고 있습니다. 자산 불평등 정도만을 보면 주요국 최악의 수준으로 평가되는 것이 우리나라의 현실입니다.[2]

1   정해식 외(2018), 〈사회갈등 인식 조사 결과〉, 한국보건사회연구원
2   울산저널(2018.11.28)

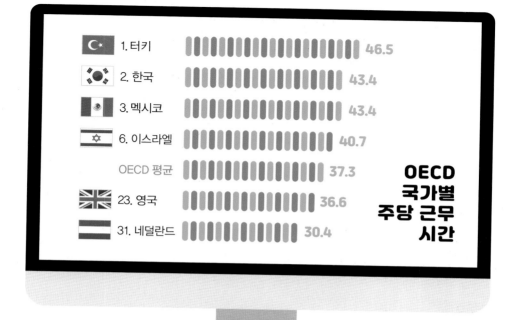

☪	1. 터키	46.5
🇰🇷	2. 한국	43.4
🇲🇽	3. 멕시코	43.4
✡	6. 이스라엘	40.7
	OECD 평균	37.3
🇬🇧	23. 영국	36.6
	31. 네덜란드	30.4

OECD 국가별 주당 근무 시간

※2017년 OECD 자료 재구성

긴 노동시간과 가치관 붕괴. 한국은 아주 특별한 위험사회

'위험사회' 이론가 울리히 벡은 몇 년 전 우리나라를 방문했을 때 "한국은 아주 특별한 위험사회"라고 말했습니다. 그 이유는 짧은 기간에 경제 성장을 이루었으나 물질주의가 만연하고 구조적 불평등이 빠르게 진행되어 사회갈등이 심해지는 동시에 사람들의 가치관이 붕괴되는 현상이 일어나고 있기 때문입니다. 또 법치가 미성숙하고 흉악한 범죄가 날로 증가하는 점도 위험사회의 징후로 꼽았습니다.

우리나라는 '위험사회'인 동시에 '피로사회'이기도

합니다. 2019년 4월 경제협력개발기구(OECD)의 발표에 따르면 지난 2017년 우리나라 노동자 1인의 주당 평균 노동시간은 43.4시간입니다. 지난 2000년, OECD 회원국 중 최고인 50.1시간을 기록한 뒤 매년 줄고 있지만, 여전히 OECD 31개 회원국 중 터키(46.5시간)를 제외하고는 가장 긴 시간 일을 합니다. OECD 회원국 평균인 주 37.3시간보다 7시간이나 더 오래 일하죠. 한국 사람들은 장시간 노동과 치열한 경쟁 속에서 늘 쫓기며 삽니다. 노동자의 희생을 강요하는 산업 구조 탓도 있지만, 개인들도 경쟁자를 이겨야 한다는 생각, 노력해도 늘 부족한 것 같은 압박감을 떨치지 못하는 것은 아닐까요. 그렇게 한국은 대표적인 '피로사회'가 되었습니다.

미투운동,
보수화된 사회에
경종을 울리다

경기침체가 지속되면서 우리 사회에는 경제적 안정을 삶의 최고의 가치로 여기는 특유의 보수주의가 팽배해졌습니다. 이러한 사회 분위기에서 소수 자이며 약자인 장애인, 난민, 동성애자 등은 종종 혐오와 배척의 대상이 됩니다. 그리고 어느 날부터인가 인구의 절반을 차지하는 여성도, 혐오의 대상이 되었습니다.

2016년 5월, 강남역에서는 단지 여성이라는 이유로 젊은 여성이 화장실에서 무참히 살해당했습니다. 이 사건은 한국의 젊은 여성들을 바꿔놓았죠. "#나는페미니스트다"라는 구호로 응집하기 시작했고, 일부 분노한 여성들은 메갈리아와 워마드 등 커뮤니티를 구성하여 본격적인 싸움을 시작했습니다. 인터넷 상에서 "#○○○계 성폭력"과 같이 분야별 성폭력을 고발하는 목소리가 터져 나오기 시작하더니, 2018년 초 검찰 내 성폭력을 고발한 서지현 검사의 인터뷰가 신호탄이 되어 미투운동이 인파만파로 사방으로 확산되었습니다.

오랫동안 쌓여온 성차별과 성폭력에 대한 여성들의 분노가 봇물처럼 터져 나오자, 이를 억누르려는 기득권층들은 격렬히 반발했습니다. '여성은 왕자를 필요로 하지 않는다'는 문구를 새긴 셔츠를 입고 인증샷을 올린 여성은 하던 일에서 하차당했고, 진보성향의 여성단체를 팔로잉한 여성은 직장에서 사상 검증과 퇴출 압박을 받았습니다. 21세기판 마녀사냥이 우리 사회에서 버젓이 행해진 것입니다.

여성운동이 본격적으로 시작된 80년대 이후, 우리 사회에서 성차별적인 법과 제도의 상당 부분이 개선되었지만, 여성을 억압하고 차별하고 위협하는 문화는 크게 달라지지 않았다는 것을 여실히 보여준 일들입니다.

2017년 폭염 관련 질환으로
병원을 찾은 환자 성비

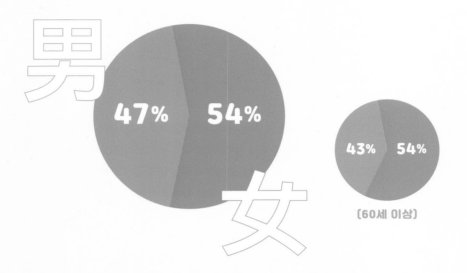

男 47% 54% 女

43% 54%

(60세 이상)

폭염은 모두에게
똑같이 찾아오지 않는다

2018년 여름, 우리는 111년 만의 폭염으로 고통을 겪었습니다. 40도를 넘나드는 폭염이 계속되자 온열질환자가 급증하고, 가축이 폐사하고 농작물이 타들어갔습니다. 혹독한 더위는 올해도 이어졌습니다.

폭염은 신체적 또는 사회경제적 약자에게 더 혹독합니다. 국민건강보험공단의 의료정보 빅데이터에 따르면, 2017년에 폭염 관련 질환으로 병원을 찾은 환자 중 여성(53.5%)이 남성(46.5%)보다 많았으며, 60대 이상 질환자만 보았을 때도 여성이 56.6%, 남성이 43.4%로 여성의 비율이 더 높았습니다.[3]

외국의 경우에도 폭염으로 인한 사망률은 병상에 있는 노인, 냉방 장치나 단열재 설치가 미비한 노후 건물에 사는 이들에게서 높았습니다. 직군별로도 피해 정도가 다릅니다. 육체노동자의 폭염 사망률은 3배나 높았습니다.

기반시설이 낙후하고 공동체가 와해되어 홀로 방에서 폭염을 견뎌야 하는 이들, 사회적 지위가 낮은 집단이 자연 재해에 더 취약한 '사회적 불평등' 현상입니다.

---

3   연합뉴스 (2018.08.02), '올해 폭염질환자 2만 명 넘을 듯… 노인·소아·여성 취약'

"우리는 얼마나 많은 지구를 필요로 하나요?"

[인구 대비 지구 자원의 사용도를 나타낸 표]

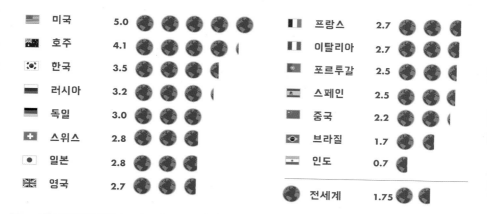

미국	5.0
호주	4.1
한국	3.5
러시아	3.2
독일	3.0
스위스	2.8
일본	2.8
영국	2.7

프랑스	2.7
이탈리아	2.7
포르투갈	2.5
스페인	2.5
중국	2.2
브라질	1.7
인도	0.7
전세계	1.75

우리의 욕심이 불러온 재앙

폭염의 원인은 화산 폭발과 같은 자연재해도 있지만, 주 원인은 석탄연료에 의한 온실가스 배출입니다. 미국 국립과학재단의 연구자 제프 네스빗은 1961년~2010년 사이에 있었던 전 세계 폭염 중 최소한 82%는 지구온난화로 인한 것이라고 밝혔습니다.[4]

우리나라는 성장지향 사회로, 에너지 사용과 환경 파괴가 심각합니다. 1인당 전기사용량이 최근 수년간 꾸준히 늘면서 일본, 영국, 독일을 넘어섰습니다. 한국전력공사가 발간한 〈2018년도 한전 편람(KEPCO in Brief)〉에 따르면 지난해 1인당 전기사용량은 10.2MWh로 전년(9.9MWh)보다 3.3% 증가하며 역대 최고치를 경신했습니다. 2018년에 가정용 전기사용량 증가율이 특히 높았던 이유는 정부가 누진세 요금을 한시적으로 낮춤에 따라 에어컨 등 냉방기 가동이 증가했기 때문으로 해석됩니다.

Global Footprint Network가 각 나라의 탄소발자국을 분석한 결과를 보면, 우리나라는 전 세계에서 지구를 세 번째로 많이 괴롭히는 나라입니다. 각 나라가 인구 대비 소비하는 지구 자원의 양을 조사한 표를 보세요. 우리는 주어진 지구 자원의 3.5배를 사용하고 있습니다.

---

4 USnews (2018.08.07), 'The Cause of the Deadly Global Heatwave'

1인당 GDP
27위

건강
기대수명
9위

행복지수
54위

관대함
40위

한국인의
행복지수 순위
(조사 대상: 156개국)

사회적 지원
91위

삶을
선택할 자유
144위

부패
100위

※2019 World Happiness Report, John F. Helliwell, Richard Layard and Jeffrey D. Sachs, UN, 29쪽에서 재구성

수명이 길어지고,
생활은 더 풍족해졌지만
행복하지 않은 한국인

유엔이 최근 발간한 〈2019년 세계행복보고서〉에
따르면 우리나라 국민의 행복지수는 156개 국

가 중 54위입니다. 2017년 58위에서 다소 오른
수치이긴 합니다. 그러나 GDP가 세계 11위이고
1인당 GDP가 27위인 우리나라 국민이 누리는 물
질적 부에 비해, 삶의 질은 여전히 많이 떨어집
니다. 우리 국민의 행복지수가 낮은 이유는 사회
적 지원, 삶을 선택할 자유, 관대함, 부패 등 '행
복의 사회적 기반'이 매우 취약하기 때문입니다.

힘들 때 의지할 수 있는 누군가가 있다고 느끼는 사람이 10%만 늘어도 1인당 GDP를 두 배 올린 것과 같은 정도로 행복도가 높아진다고 합니다. 내가 원하는 삶을 선택할 수 있다고 느끼는 사람이 10%만 늘어도 1인당 GDP의 40%를 올린 것만큼 행복에 긍정적인 영향을 미친다고 하죠. 사회적 지원이 높은 사회는 약한 사람이나 소수자도 마땅히 평균적인 삶을 누릴 수 있게 하는 '돌봄 역량'이 있는 사회입니다. 그런 사회에서는 개개인이 삶을 선택할 수 있는 기회도 더 평등하게 주어집니다.

국민의 10%가 기부를 하면 GDP가 25% 이상 높아진 정도로 행복지수가 향상됩니다. 또, 정부와 기업이 부패했다고 생각하는 인구가 10% 감소하면 GDP를 20% 높이는 것만큼 행복도가 올라갑니다. 호혜적이고 친사회적이며 부패가 없는 사회에서 행복도가 높다는 뜻입니다. 행복한 사람들은 행복하지 않은 사람들보다 더 오래 살고, 신뢰할 만하며 협동적입니다. 또 다양한 변화에 더 유연하게 적응할 수 있습니다.

"
지금까지 우리 사회의 아픈 단면을 보았습니다.
지금부터라도 압축적인 경제 성장을 추진하는 동안 무너진
공동체를 복원하고, 불평등을 줄이기 위해 사회정의를
회복하는 데에 힘을 쏟아야 합니다. 돌봄, 공감, 소통,
배려, 평화, 생명 등과 같은 가치에 주목하고, '발전'이라는
패러다임에서 소외되었던 생태적 가치와 여성적 가치를
되살려야겠습니다.
"

여성, 동물, 자연, 지구를 생각하는 에코페미니스트들

Writer. 김양희

우리 사회에 만연한
지배와 착취 구조를 비판하다

건강하지 않은 사회의 징후를 극복하기 위한 하나의 노력이
에코페미니즘이다.

'에코페미니즘'이란 용어는 1974년 프랑스의 프랑소와즈 도본느가
최초로 사용하였다. 남성 권력에 내재하는 '이익 추구'가 우주를
파괴한다고 본 그는 생태적 혁명을 일으킬 수 있는 여성의 잠재력을
의미하는 것으로 이 용어를 제안했다.

여성운동과 생태운동은 각각 여성과 자연에 대한 지배와 착취를
벗어난 새로운 가치창조와 사회구조를 제안한다. 에코페미니즘은
사회문화적 변화를 이끌어 낼 것으로 기대되었던 이 두 가지 운동의
비판적·변혁적 잠재력을 통합시키려는 시도에서 출발했다.[5] 하나는
여성에 대한 남성의 지배가 지속되는 요인이 위계적, 군사적, 기계적인
가부장제 문화라고 규명한 급진적·문화적 페미니즘이다. 다른 하나는
서구철학과 문화가 인간중심(anthropocentric)이기 때문에 자연을
격하시키고 지배하는 결과를 초래했으므로, 생태계의 위기를 극복하기
위해서는 환경규제를 강화하거나 환경기술을 개발하는 것만으로는
반창고적 효과를 낼 뿐, 근본적으로 자연관과 세계관을 전환해야 한다고
주장하는 근본생태론이다.

여성운동과 환경운동, 반전평화운동이 왕성했던 70년대에

---

5 Carolyn Merchant(1980), 〈The Death of Nature: Women, Ecology and the Scientific Revolution〉 Harper & Row Pub

시작된 에코페미니즘은 환경파괴나 핵 위협, 여성과 소수자에 대한 소외와 배제를 가부장제 폭력의 연장선에 있는 문제로 본다. 여성이 경험하는 억압의 문제를 다루지 못한 채 자연과의 연결을 주장하는 생태론은 불완전하고, 자연해방을 다루지 않는 여성해방도 마찬가지로 불완전하기에 자연해방과 여성해방을 연결시키고자 한다.

에코페미니즘은 가부장제의 사다리를 거부하고 전환적인 사유와 실천으로 다른 문명, 다른 삶을 이룰 것을 지향한다. 가부장제는 여성에 대한 남성의 체계적이고 구조적이며 정당하지 못한 지배를 뜻한다. 가부장제는 역사적으로 남성 및 남성과 동일시되는 것에 특혜와 권력을 주는 제도와 행동으로 구성·유지되어 왔다. 남성에 의한 여성의 종속을 설명하고 정당화하고 유지하는 억압적인 개념 틀로서 가부장제는 다섯 가지 특성을 갖는다.

첫째는 권력을 가진 이들에게 더 높은 가치를 부여하는 가치위계적 사고이다. 둘째는 가치이원론으로, 현실을 정 반대이며 상호배타적인 짝으로 조직하고 그중 하나에 더 높은 가치와 지위를 부여한다. 예컨대 몸보다 정신을, 감정보다 이성을, 여성적인 가치보다 남성적인 가치를 더 중시한다. 셋째는 권력에 대한 지배적 개념으로 지배-종속의 관계를 유지하는 기능을 한다. 넷째는 권력을 가진 이들을 체계적으로 이롭게 하는 특혜이다. 다섯째는 우월성이 종속을 정당화한다는 지배의 논리이다. 지배의 논리는 억압의 구조를 강화하고 유지하는 방식으로 권력의 불평등한 배분을 합법화한다.[6] 에코페미니즘은 지배와 폭력으로

정의되어 온 권력 개념을 거부하고, 이를 비폭력 개념으로 대체하고자
한다.

이 모든 것을 종합해볼 때, 에코페미니즘은 여성 억압과 자연
파괴에 연결고리가 있다고 보고, 성차별, 자연지배, 인종차별, 가부장제
등 사회적 불평등의 상호 교차성을 탐색하는 이론이라 할 수 있다.

남성과 여성, 인간과 자연이
평등한 사회를 추구하는 에코페미니즘

에코페미니즘은 인간이 자연을 파괴하고 남성이 여성을 지배하며
인간과 인간이 서로 경쟁과 탐욕 속에서 생활하는 현대사회에 인간과
인간, 인간과 자연의 평등한 관계를 형성하기 위해 출현한 탈근대적이며
새로운 문화적 패러다임이다.

근대 서구 철학에서는 몸과 정신(이성)을 구분하고, 이성이 몸에
비해 우월한 가치를 가진다고 믿는다. 몸은 이성의 작용을 방해하는
원천이므로 정복해야 하는 대상으로 간주된다. 남성과 여성을 대립된
존재로 보고, 남성은 정신(이성)과, 여성은 몸과 연결했다. 때문에 여성은
비이성적이며 길들여져야 하는 존재, 남성에 비해 덜 가치 있는 존재로
여겨졌다. 그러나 몸과 마음은 분리할 수 없다. 몸은 한 사람을 고유하게
만드는 정신과 마음이 담긴 존재 자체이다. 몸이 정신이고 정신이
몸이다.

6 Karen J. Warren(1995), 〈Ecological Feminism〉 Routledge, 183~184쪽

여성과 남성 모두 자연과 연속성을 지닌 존재이며 자연과 문화의
일부가 되어야 한다. '나'는 자연이나 타인과 같이 '내' 밖에 있는
존재들과 역동적인 관계를 맺으며 연결되야 하고, 경쟁과 착취가 아니라
상호존중과 돌봄 속에서 공존하는 관계를 만들어야 한다고 강조한다.

에코페미니즘은 베이컨식 합리적·기계적 세계관과 그로부터
배태된 모든 종류의 이원론(자연-인간(문화), 감성-이성, 몸-마음, 여자-남자
등)을 거부하고, 생태적이고 다원적이며, 포용적이고 관계적인 사회를
지향한다. 특히 에코페미니즘은 비인간(non-human) 요소를 고려하므로
자연/문화, 이성/비이성 이원론을 분석하는데 더욱 기여한다.

에코페미니즘은
페미니즘과 어떻게 다를까

에코페미니즘은 페미니즘과 생태주의 어느 쪽에도 귀속되지 않는 운동
전략을 고민한다. 근대 이후 대두한 생태주의는 발전 패러다임의 전환을
강조한다. 그러나 성장 일변도의 자본주의가 지속되는 한 생태주의가
사회의 주류가 될 수 없다. 자연을 존중했던 동양에서도 여성차별이
존재했다는 사실은 생명존중 사상이 곧바로 성평등으로 연결되지 않음을
증명한다.

또한 신자유주의에서는 극소수의 여성만이 명예남성으로 승자가
될 뿐, 대다수의 여성들은 사회의 비주류로 남을 수밖에 없다.[7] 기존의

---

7 장이정수(2018), '한국의 에코페미니즘 운동과 한반도 평화'

여성운동은 양적이며 기계적인 평등에 초점을 두는 경향으로 인해 남성화된 여성을 상정하거나 남성이 누리는 것을 여성이 동등하게 누릴 것을 요구하는 운동으로 전락할 위험이 있다. 환경운동의 경우에도 화폐로 보상된 타협이나 과학기술로 환경문제를 해결하는 반창고적 처방에 만족하는 운동으로 전락할 수 있다.[8] 그동안 페미니즘은 젠더를 대항적인 구도로 접근하여 남성 중심의 사회구조에 저항하면서 여성문제를 인권문제로 제기하였다. 반면, 에코페미니즘은 젠더문제를 여성/남성의 이원화된 대립 구조를 통해 해결하려하기 보다 남성과 여성이 동등한 가치를 지닌 개체로 상호 보완하는 통합적인 관계와 문화를 추구한다.

　　페미니즘 안에서도 권력, 지배, 위계를 비판하는 목소리가 있지만 주 관심사는 여성과 남성이 평등한 기반 위에서 경쟁할 수 있게 되는 것이지,[9] 권력 그 자체에 대한 비판은 미약하다는 평가를 받는다. 반면, 에코페미니즘은 권력 자체에 대해서 비판하며, 모든 지배-종속의 관계에 도전한다. 누가 권력을 가지는가 보다 권력 자체의 구조를 전환하는 데에 관심을 두고, 평등하고 유기적 관계와 풀뿌리 민주주의를 지향한다.[10] 에코페미니스트 철학자 카렌 워렌은 권력의 개념은 지배하고 군림하는 힘(power-over power), 다른 사람과 협력하고 연대하며 함께 만들고 공유하는 힘(power-with power), 내부로부터의 힘(power-within power), 변화를

---

8 문순홍(2000), '한국 여성환경운동에 대한 평가와 향방' 전국여성환경인 워크숍 주제발표문
9 예: [페미니스트 국가론]에서 캐서린 맥키논은 남성의 성적 지배에 대항하기 위한 유일한 방법은 페미니스트 국가를 세우고, 국가 권력을 팽창시키는 것이라고 주장
10 Starhawk, 'Power, authority, and mystery: Ecofeminism and earth-based spirituality, in Irene Diamond & Gloria Feman Orenstein(1990), Reweaving the World: The Emergence of Ecofeminism. Sierra Club Books, San Francisc

이루는 힘을 향하는 힘(power-towards power), 힘을 거역하는 힘(power-against power) 등 다양한 의미를 가진다고 보았다. 그는 권력이 지배-종속의 억압적 관계를 만들거나 지속시키지 않는 방식으로, 바람직한 변화를 이루기 위해 실천될 때만 적절하고 도덕적이라고 했다.[11]

"우리는 모두 연결되어 있다"
생태적 감수성을 깨우는 에코페미니스트의 목소리

에코페미니스트들의 신념을 정리하면 다음과 같다.

첫째, 서구 산업사회의 문화는 여성과 자연을 연결지음으로써 여성 억압과 종속을 강화한다.

둘째, 모든 생명체는 유기적으로 연결되어 있다. 인간의 위계는 사회적 지배를 정당화하기 위해 만든 것이지 자연적인 것이 아니다.

셋째, 인간과 동물, 모든 생물을 포함하며 건강하고 균형된 생태계는 다양성을 유지해야 한다.

넷째, 인간과 자연의 관계에 대한 새로운 이해가 필요하다. 이에 자연-문화 이원론에 도전하며, 생태적 원리에 의한 인간사회의 재구조화를 촉구한다.[12]

페미니즘과 달리 에코페미니즘에서는 영성을 중시한다. 이때의 영성은 종교화되고 신비화된 영성이 아니라, 개개인이 다른 존재들과

11 Ynestra King(1989), 'Healing the wounds: Feminism, ecology, and nature/culture dualism' In Alison M. Jaggar & Susan Bordo(eds.), Gender/Body/Knowledge: Feminist Reconstructions of Being and Knowing. Rutgers University Press, 115~141쪽
12 이네스트라 킹(1989), 19~20쪽

유기적으로 연결되어 있음을 느끼고 다른 생명에 힘을 주는 '사회적 영성', 비폭력적 삶의 방식을 갖기 위한 '생태적 영성'이다. 이 영성은 몸과 무관한 것이 아니라, 몸에 기반한 경험으로부터 '깨어나고' 현실의 억압적 조건들을 하나하나 '바꿔가는' 과정 속에서 강한 힘을 발휘한다.[13]

지금 우리가 겪고 있는 사회 문제는 대부분 차별과 불평등, 지배와 착취, 위계와 권력 때문에 발생한다. 에코페미니즘은 이러한 문제를 근본적인 사고의 변화와 행동 변화, 나로부터 시작하는 실천으로 풀어내고자 한다. 에코페미니즘에서 지적하듯 가부장제 이데올로기에서 열등하게 취급되어 온 여성성과 모성성, 돌봄의 가치에 새로운 의미를 부여하고, 이러한 가치가 근본원리가 될 때 비로소 평화롭고 생태적인 사회를 이룰 수 있을 것이다.

13 기리새롭(2003), '생태여성주의 영성: 몸의 영성, 치유의 영성', 〈꿈꾸는 지렁이들〉 꿈지모, 291쪽

'지속가능한 발전'은 가능할까?

Writer. 김양희

PLANET
EARTH FIRST

GREENPEACE

인류가 만들어 낸 새로운 시대,
인류세(Anthropocene)**14**

인류는 끊임없이 지구환경을 훼손하고 파괴함으로써 인류가 진화해
온 안정적이고 길들여진 환경과는 전혀 다른 환경에 직면하게 되었다.
지구온난화와 기후 변화로 인해 우리는 유래 없이 충격적인 생태 위기를
경험하고 있다. '인류세'**15**라 부르는, 생태 위기를 안고 시작한 새로운
지질시대에 접어든 것이다. 인류세는 환경 훼손의 대가를 치러야만 하는
현재 인류 이후의 시대를 가리킨다. 인류가 초래한 시대이기 때문에 시대
앞에 '인류'라는 말이 붙었다.

　　지구는 46억 년 동안 수많은 변화를 겪어왔다. 특정 생물이 갑자기
출현하거나 멸종하기도 했고, 대기나 지각 조성에 큰 변화도 있었다.
생물들이 대규모로 이동을 하거나 전체 대륙이 이동하기도 했다. 이
중에서 지질시대를 나누는 데 가장 핵심이 되는 기준은 '생물의 출현과
멸종'이다. 공룡의 멸종과 더불어 포유류의 번성으로 시작된 신생대
제4기는 매머드, 털코뿔소, 순록과 같은 거대 포유류가 번성했다. 이
시기는 현생 인류가 진화한 플라이스토세(Pleistocene Epoch)와 농경이
시작된 신석기 시대가 포함된 홀로세로 구성돼 있다. 홀로세가 시작된 지
1만1000년 밖에 되지 않았건만 이를 마감하고 인류세에 들어선 것이다.

　　인류세에는 폭발적인 인구 증가와 더불어 대량생산,

---

14 '인류'를 뜻하는 Anthropo와 '시대' 혹은 '시기'를 뜻하는 cene의 합성어
15 '인류세'라는 용어는 질소산화물의 성층권 오존층 파괴에 관한 연구로, 1995년 노벨화학상을 받은 네덜란드의
　파울 크뤼첸(Paul Crutzen)이 2000년에 처음 제안했다

대량소비, 대량폐기를 정당화하는 경제모델 하에 무분별한 개발로
자연이 오염되고 파괴되고 있다. 플라스틱, 알루미늄, 콘크리트 등
'기술화석(technofossils)'이라고 불리는 새로운 물질도 퇴적층에 쌓이기
시작했으며,[16] 약 15분마다 생물 한 종이 멸종한다. 전문가들은 향후
500년 동안 생물종의 20~50퍼센트가 멸종할 수 있다고 경고한다. 토마스
베리의 말처럼 멸종은 정상적인 생식 과정을 통해 다시 발생할 수 있는
개별 생물들을 죽이는 것과 전혀 다르다. 일단 멸종된 종은 영원히
사라져버리기 때문에, 멸종은 절대적이고 최종적인 현상이다.[17]

'더 나은 삶'을 향한 인간의 욕망이 지구의 생명 체계를 무너뜨리다

지금 우리는 풍요로운 자본주의 발전 유형을 선택한 대가를 치르고 있다.
1960년대부터 자본주의 생산 활동은 에너지 사용이 높은 제조방식으로
변화했다. 건축 자재들을 돌과 벽돌 대신 콘크리트와 철, 알루미늄으로
바꿨고, 가죽은 플라스틱으로, 천연섬유는 합성섬유로, 무공해 비료는
화학비료로 대체했다. 산업계에서는 내구성을 낮추는 처리로 영구적
재화의 수명이 7년을 넘지 않게 하는 방법을 고안했다. 제품의 한계
수명을 인위적으로 단축시킨 것이다. 결과적으로 1965년부터 GDP 1%를
올리기 위해 15년 전에 비해 약 2배의 에너지를 필요로 하게 됐다.[18]

16 [네이버 지식백과] 인류세-인류세의 시작, 콜럼버스일까 핵폭탄일까? 지구과학산책, 서동준, 과학동아
17 토마스 베리(1988), 〈지구의 꿈〉, 대화문화아카데미
18 앙드레 고르스(2008), 〈에콜로지카: 붕괴 직전에 이른 자본주의의 대안을 찾아서〉, 갈라파고스

기업들은 끊임없이 새로운 소비를 창조하고 부추기면서 거대한 수익을 이끌어낸다. 특히 신자유주의 경제가 지배하는 사회는 우리의 삶을 점점 더 시장에 의존하게 만든다. 우리는 시장과 상품에 대해 점점 더 통제력을 잃어간다. 먹거리가 넘쳐나지만 GMO, 농약과 각종 첨가물로 범벅이 된 밥상은 우리를 불안하게 한다. 나날이 새로운 화학물질이 개발되고 생활 속에 스며들지만 우리는 그 위해성을 판단할 충분한 정보를 제공받지 못한다. '인간의 위대함'을 앞세우며 과학기술을 통해 자연을 통제하고 극복할 수 있다고 믿고 달려왔지만 지금 우리가 도달한 곳은 쓰레기더미로 가득하고 망가진 숲과 땅, 오염된 물이다. 과학 및 산업 기술의 진보를 통해 '인간의 조건을 개선시키려는' 노력이 오히려 '지구의 기본 생명 체계를 붕괴시켰다'[19]는 엄청난 아이러니에 직면해 있다.

우리의 일상은 어떠한가? 치열한 경쟁 속에서 타율 노동에 치어 사느라 생물학적 존재로서 자기를 지탱하는데 필요한, 돌봄과 같은 자활노동이나 자신의 욕구와 일치하는 자기 조직화된 자율 노동은 뒷전이다.[20] 재생산활동도 상품화되면서 자활 노동을 하지 않는 것이 해방이라는 생각이 만연해 있다.

결국 우리는 지금 아무도 누구도 돌보지 않는 사회에 살고 있다. 생명체는 돌보지 않으면 병들거나 죽는다. 나병 환자들의 손과 발이

19 토마스 베리(1988), 〈지구의 꿈〉, 대화문화아카데미
20 앙드레 고르스(2008)

문드러지는 것은 나병 자체의 문제가 아니라고 한다. 나병은 신경을 짓눌러 감각을 느낄 수 없게 하는데, 그렇게 되면 환자들은 그 부위를 돌보지 않아서 반복해서 다치고 베이고 화상을 입기도 하여 결국 그 부위를 잃게 되는 것이다. 느낄 수 없으면 돌볼 수 없다.[21] 이제 우리는 풍요로운 자본주의 발전 대신에 지속가능한 발전으로 전환해야 한다.

현재 세대의 필요를 충족시키면서
미래 세대의 권리도 침해하지 않는 발전

브룬트란트 위원회(Bruntland Commission)는 '지속가능발전'을 "미래 세대의 필요를 충족시킬 능력을 저해하지 않으면서, 현재 세대의 필요를 충족시키는 발전"으로 정의했다. 유엔환경계획(UNEP)은 이를 "에코시스템을 지지하는 수용력과 함께 삶의 질을 향상시키는 것"으로, 지구 헌장(Earth Charter)은 "지속가능한 글로벌 사회는 자연, 보편적 인권, 경제적 정의, 평화 문화에 의해 설립된다"라고 정의한 바 있다.

이전에는 지속가능발전이 사회, 환경, 경제 등 세 가지 기둥으로 구성된다고 보았지만 이제는 환경이 가장 큰 틀이며 경제와 사회는 환경에 의해 제약을 받는 것으로 본다. 환경과 사회, 경제가 같은 비중을 차지하는 것이 아니라, 환경이 훼손되면 사회도 온전할 수 없고 경제도 무너질 수밖에 없다는 것이다.

---

21 레베카 솔닛(2013), 〈멀고도 가까운〉, 반비, 151쪽

지속가능발전 개념의 진화 _____

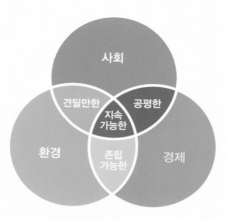

지속가능성의 세 가지 기둥:
사회, 환경, 경제

경제와 사회는 환경에 의해
제약을 받음

유엔의 지속가능발전목표

 1 빈곤 퇴치

 2 기아 종식

 3 건강과 웰빙

 4 양질의 교육

 5 성평등

 6 깨끗한 물과 위생

 7 모두를 위한 깨끗한 에너지

 8 양질의 일자리와 경제성장

 9 산업, 혁신, 사회기반 시설

 10 불평등 감소

 11 지속 가능한 도시와 공동체

 12 지속가능한 생산과 소비

 13 기후변화와 대응

 14 해양생태계 보존

 15 육상생태계 보호

 16 정의, 평화 효과적인 제도

 17 지구촌 협력

유엔은 새천년개발목표(MDGs, 2000~2015)를 승계할 지속가능발전목표(SDGs, 2016~2030)를 수립하고 세계 각국의 이행을 촉구하고 있다. SDG는 17개 목표와 169개의 세부 목표(타겟)로 구성된다. 17개 목표 중 목표5(성평등)가 성평등 및 여성/여아의 역량 강화에 관한 것이다.

성평등 목표(목표5)를 별도로 설정해 놓고 있지만, 다른 목표들에도 젠더 측면을 고려한 내용들이 포함되어 있다. 목표1(빈곤 퇴치)에서도 지구촌 빈곤 인구의 대다수가 여성이라는 점, 여성은 경제활동에서 소외되고, 토지 및 재산 소유권을 남성과 동등하게 갖지 못하기 때문에 각종 금융 혜택에서도 배제되고 있다는 점 등을 다루고 있다.

목표3(건강과 웰빙)에서도 모성사망률이나 피임 및 의료서비스 접근권의 젠더 이슈를 고려한다. 마찬가지로 목표11(지속가능한 도시와 공동체)에서는 도시에서의 여성 안전 문제, 이동권과 정주권 등의 문제를 다룬다. 아직 만족스런 수준은 아니지만 지속가능발전을 위한 제반 분야에서 여성 삶의 특수성을 고려하도록 한 것이다.

지속가능한 사회를 위해
우리가 일상에서 할 수 있는 일은 무엇일까?

에코페미니즘은 우리가 직면한 인간 위기와 생태 위기를 극복하기 위해서는 현재의 발전 개념에서 벗어나야 한다고 본다. 그동안의 발전이 남성성과 남성적 원리에 의해 주도되고 지배되어 온 까닭에 지구의 위기가 초래했다고 보고, 여성적 원리에 의한 발전 모델을 주창한다.

생태적 원리로서의 여성적 원리는 여성만의 본성이라고 여겨지는 직관이나 감성, 모성과 돌봄을 지칭하기 보다는 이를 포함한 생명력, 다양성, 역동성, 순환성을 뜻한다.[22]

　　여성환경연대는 창립선언문에서 '여성들은 이런 가부장적이며 남성적 가치관에 의해 형성된 틀에 안주하여 진실을 외면해오지는 않았던가?' 자문하면서, '우리는 우리 자신 속에서 현재의 생명 위기를 극복할 수 있는 힘을 찾아내고 길러내야 한다. 병들고 죽어가는 지구, 그 위에서 똑같이 병들고 죽어가는 생명을 치유하며, 그 생명력이 크게 신장되어 지구 전체가 건강하게 살아날 수 있도록 행동해야 한다.'고 밝힌 바 있다. '환경문제의 뿌리를 똑바로 보고 이를 극복하기 위해서 환경문제와 얽혀 있는 우리 자신의 생활양식을 바꾸어가려는 노력을 기울이고 새로운 가치관과 새로운 사회 만들기에 나서기로' 다짐했다.

　　초기에 여성환경연대는 여성 환경활동가들의 네트워크와 전문성을 강화하는데 역점을 두었다. 지역별 여성환경포럼을 개최하고, 전국의 지방의제21들과 지역 생협들, 타 환경단체의 여성활동가들과 긴밀하게 연대하면서 역량을 강화하는 노력을 기울였다. 여성이 주체가 되는 환경운동의 비전을 함께 공유하는 한편, 성 인지 관점의 환경정책 분석과 대안 마련 활동도 전개했다. 또 지속가능발전계획이나 환경정책의 성별영향평가를 실시하고, 지방의제21의 성 인지 관점 통합을 요구하는 등 다양한 정책 개입 활동을 해왔다.

22　Maria Mies & Vandana Shiva(1993), 〈Ecofeminism〉, Zed Books. 17~18쪽

　　　　화장품과 일회용 생리대의 전성분표시제를 이끌어 내는 등 정부의 유해화학물질에 대한 감시와 관리에 여성의 요구를 관철시키는 노력을 기울였고, 탈핵운동과 밀양 송전탑 건설 반대 운동 등 시민사회와 다양한 연대활동을 전개해 왔다. 풀뿌리 네트워크 활동을 통해 여성의 주체적 역량을 성장시키고 지역사회와 정부를 변화시키는 다양한 운동방식과 의제들도 만들었다.

　　　　여성환경연대의 중요한 활동의 또 다른 축은 탈성장 사회를 위한 대안생활운동과 생태활동이다. <덜 소유하고 더 존재하라>와 같은 출판물을 통해 낭비에 기반 한 경제시스템에 저항하는 삶의 선택이 가능함을 외쳤다. 이는 자연파괴와 자원고갈을 촉진하는 '소비라는 조건화된 감각으로부터 이동하기'[23] 위한 것이다. 가부장적 자본주의가 강요하는 성장제일주의와 소비사회를 성찰하며, 소비를 줄이고 자급의 삶을 지향하는 슬로우 라이프운동을 전개했고, 전깃불을 끄고 촛불을 켜는 캔들나이트와 일회용 컵 대신에 내 컵을 들고 다니는 위더컵 캠페인, 학교와 마을공동체, 병원 등에서 자연과 건강한 먹거리를 배우는 도시텃밭운동 등도 진행했다. 도시농부와 요리사가 함께 만드는 농부시장 마르쉐를 인큐베이션하여 지속가능한 농업과 식량의 문제를 제기하는 등 대안적인 문화를 상상하고 배워가는 활동을 꾸준히 해나가고 있다.

23　김현미(2016). '소비에서 자급으로 좌표 이동: 도시 에코페미니스트로 살아가기' <덜 소비하고 더 존재하라> 여성환경연대 기획, 35쪽

에코페미니스트들의
유쾌한 실험은 계속된다!

문화비평가이자 역사학자인 라이언 아이즐러[24]는 사회를 구성하는 주요
가치와 권력을 실천하는 방식을 중심으로 '지배 모델의 사회'와 파트너십
모델의 사회를 분류했다. 지배 모델 사회는 강하고 경직적이며 불평등한
지배구조와 제도화된 폭력, 여성 및 여성적 가치에 대한 평가절하 등을
핵심적 양태로 가진다. 우리나라는 대표적인 지배 모델의 사회이다.
냉혹함, 강인함, 경쟁, 정복, 지배 등 남성적 원리가 우선순위를 가지는
반면, 돌봄과 협력, 동정, 비폭력 등 여성적 원리는 간과된다. 인간관계,
특히 권력을 가진 사람과 가지지 못한 사람, 부모와 자식, 여성과 남성의
관계 등이 종종 억압적이다. 약자를 돌보는 일에 우선순위를 두지 않으며
성 역할이 경직적이다. 지배 모델 사회에서는 다양성을 인정하지 않기
때문에 획일적이다. 여성의 지위가 낮고, 여성은 종종 지배와 폭력의
대상이 된다.

　　　반면 '파트너십 모델 사회'는 평등한 사회구조, 다양성 가치와
파트너십을 바탕으로 한다. '차이'를 다원화된 사회를 위한 주요 가치로
여긴다. 보다 유연하고 민주적인 사회를 지향하고, 여성과 남성, 권력이
있는 사람과 권력이 없는 사람의 동등한 파트너십을 강조한다. 파트너십
사회에서는 여성의 지위가 높고, 남성들 또한 여성적 가치를 받아들이는

24　Riane Eisler(1995), 'From domination to partnership: the hidden subtext for organization change'
　　〈Training & Development〉, Feb. 1995, 32~40쪽

것이 자신의 남성성을 위협한다고 느끼지 않는다. 일찍이 파트너십 모델의 국가(핀란드, 스웨덴, 노르웨이 등)는 돌봄을 중시하는 정책을 채택했고 평화 연구에 앞장섰다. 가정폭력과 아동폭력 관련 문제를 법제화하는 데 앞장섰고, 남성들이 남성성을 폭력성으로부터 분리하기 위해 남성운동을 벌이는 등 노력을 기울였다.

지속가능한 발전을 성공적으로 이룬 국가들은 파트너십 모델에 기반을 두고 있다. 지배 모델에서 파트너십 모델로 전환하는 핵심은 권력을 과거의 남성적 방식에서 여성적 방식으로 재정의하는 것이다. 권력을, 없는 이들을 지배하고 통제하기 위한 것이 아니라 베풀고 육성하고 생명력을 촉진시키기 위한 것으로 재해석해내는 것이 필요하다.

에코페미니즘 운동은 인간과 자연, 남성과 여성, 인간과 인간 사이의 파트너십을 지향한다. 인간의 자연 억압, 남성의 여성 억압, 인간의 인간 억압의 연결성에 관한 새로운 통찰과 전환적 가치관으로 개인의 삶을 변화시키는 실천을 모색하고, 그러한 실천들을 모아서 의미 있는 사회 변화를 이끌어 내려고 한다.

우리는 앞으로도 "에코페미니즘운동은 어떻게 다른가?"라는 질문을 스스로에게 던지며 끊임없이 학습하고 고민할 것이다. 주변의 존재들과 상호존중 및 돌봄의 관계를 확장하며 인간과 비인간, 자연이 서로 공존하는 평등하고 지속가능한 생명공동체를 만들어갈 것이다. 이 과정에 함께하는 사람들은 '나만 나서서 해결될 일이 아니라는 생각으로 아무 일도 하지 않는 삶'에서 벗어나 '자기 돌봄과 지속가능한 삶이라는 공동의 책무를 함께 지는'[25] 친구들이다.

> "대안적인 삶과 세계는 언젠가, 누군가에 의해 주어지지 않는다. 불안과
> 무력감을 걷어내고 현재 세계의 문제를 직시하면서 우리가 원하는
> 대안적인 사회가 어떤 곳인지 논의하고 실험하는 일부터 시작해야 할
> 것이다. 그 실험은 아직 맛보지 못한 길을 가는 '유쾌함'과 '즐거움'으로
> 가득할 것이며, 그 작고 신나는 대안의 틈새들이 모여 커다란 변화를
> 일구어내는 균열의 시초가 될 것이다."[26]

에코페미니스들은 '지금 여기'에서 대안을 만들어가는 실험들을
유쾌하게 진행하고 있다. 이 길을 함께 걸을 친구들이 더 많아지면
좋겠다.

25 김현미(2016), '소비에서 자급으로 좌표 이동: 도시 에코페미니스트로 살아가기' 〈덜 소비하고 더 존재하라〉
    여성환경연대 기획, 30~31쪽
26 장우주(2016), '타자를 향한 따뜻한 시선, 에코페미니즘' 〈덜 소비하고 더 존재하라〉 여성환경연대 기획, 133~134쪽

에코페미니스트들의 컨퍼런스: 세상을 뒤집는 다른 목소리 ***

여성환경연대는 2016년부터 매년 1회씩, 기존의 틀에 얽매이지 않고 자유롭게 대안을 찾아 나선 이들의 용감하고 생생한 목소리를 모아 더 많은 사람들과 나누고 공유하는 자리를 만들어왔습니다. 더 많이 소비하고 소유하기 위한 경쟁 사회에서 정반대의 삶을 통해 '삶의 전환'을 이야기하고 싶었기 때문이죠. 우리에게는 생명 가치를 회복하는 큰 울림, 우리 삶과 사회의 전환을 만들어내고 이야기하는 이들의 대담함과 지혜가 필요합니다.

<세상을 뒤집는 다른 목소리: 에코페미니스트들의 컨퍼런스>에서는 지난 4년간 동네 책방, 농촌에서의 페미니즘, 월경, 채식, 동물권, 소비, 돌봄, 비-자본주의 등 주류 담론에서 다루지 않는 에코페미니스트들의 '다른' 목소리를 담은 강연이 이어졌습니다.

그 동안 함께한 이들의 용감하고 생생한 목소리를 소개합니다.

"기득권이 득세하는 한국 사회에서
가장 일방적인 착취를 당하는 존재는
동물입니다."

"급속한 경제발전으로 잃어버린 생명
감수성을 되찾아야 합니다. 행복은
경제적으로 얼마나 잘사느냐가 아니라
생명, 자연에 대한 어떤 존경심을 갖고
있는지에 따라 차이가 납니다"

임순례 '인간 중심주의 너머에 있는 것들' 발표 중에서

"농촌과 페미니즘. 가당키나 한가? 하는 생각이 먼저 들었습니다. 남성이 귀농을 하면 농촌에 와서 제일 먼저 배우는 건 농사가 아니라 밥상머리에 앉는 것이라는 말도 있을 정도입니다."

"농촌에서 여성들의 토크 모임을 진행하다 걸려온 전화, "한 마을에 살면서 이럴 수 있어?" 그러면 한 마을에 살면서 어떻게 성희롱을 할 수 있나요? 그래서 우리는 '쌍년'이 되자며 '쌍년파티'를 열었습니다. 그렇게 마을의 "쌍년"이 되었습니다."

달리 '농촌에서 꿈꾸는 페미니즘' 발표 중에서

"우리는 월경이라 부르지 못하고 생리라 부릅니다. 월경을 제대로 부르지도 못하고, 월경에 대해 무지해도 아무도 뭐라 하지 않습니다. 우리는 말을 잃어버린 탓에 너무 많은 대가를 치루고 있습니다."

"성폭력에 대한 강의가 끝난 후 어떤 분이 '근데 정조가 뭐에요?'라는 질문을 했다고 합니다. 드디어 정조란 단어를 모르는 세대가 나타나고 있습니다. 우리는 더 말해야 합니다. 우리가 말한다면 세상은 변할 것입니다."

모아나 '월경에 치얼스' 발표 중에서

"자본주의가 아니라 남성경제라고 부르고 싶습니다. 좌파든 우파든 경제를 말하는 사람들, 자본주의를 옹호하든 비판하든 그들은 공적인 시장에 대해서만 말합니다. 여성의 가사노동, 돌봄노동은 경제학에 포함되지도 않습니다."

"페미니스트들은 구조를 비판했지만 언어가 없었기에 대문자 자본주의에서 빠져나올 수 없었습니다. 우리는 그래서 비-자본주의의 유령을 불러와야 합니다. 남근중심의 남성경제 담론에서 배제된 여성경제를 말해야 합니다."

이현재 '페미니스트, 非자본주의를 상상하다' 발표 중에서

©아영

"제주는 자연을 이윤의 재료로 삼고 도시의 속도에 따르면서, 제주가 가지고 있는 호흡과 속도를 잃어가고 있습니다. 우리는 그것을 '지역성을 잃는다.' 라고 이야기 합니다."

"제주에서 벌어지고 있는 이런 일들이 우리가 사는 모든 지역에서 똑같이 일어나고 있습니다. 국가가, 지역 정치가 부화뇌동해 자본의 길을 열어주고 거기에 많은 사람들이 갈아 넣어지고 있습니다."

고은영 '난개발 막는 여성 등판!
자, 이제 게임을 시작하지!' 발표 중에서

"여성이 임신을 중지 할 수 있는 권리나 판단에 대해서는 다양한 의견이 있을 수도 있습니다. 하지만 여성이 임신을 중지했다는 것을, 국가가 그 윤리의 담지자가 되어 심판하고 범죄화하고 응징하고 처벌하는 낙태죄에 동의하는 진보적인 사람이나 페미니스트는 있을 수 없습니다."

이유림 '그때도 틀렸고 지금도 틀렸다:
저출산과 낙태죄' 발표 중에서

©아영

"뚱뚱한 몸은 항상 사회에서 게으르고,
자기 관리를 하지 못하는 몸으로
그려집니다. 자본주의와 능력주의는 제
몸을 '내가 얼마나 더 똑 부러지게, 얼마나
더 빨리 일할 수 있는지' 생산성을 가지고만
판단합니다."

"내 몸이 어떤 정체성을 가지고 있는지,
이 사회에서 어떻게 존재하고 어떤 위치
안에 있는지에 따라서 각자 경험하는 몸의
경험들이 너무너무 다름에도 불구하고, 다른
모습들에는 모두 '비정상'이라는 딱지를
붙입니다."

안현진 '나는 매일 탈코르셋에 실패한다' 발표 중에서

"동생의 장애 그리고 그 장애를 통해서 동생이 겪어야 했던, 어머니와 저를 비롯한 동생의 여자 형제들이 겪어야 했던 고통을 개인적인 것이라고 생각했어요. 모든 집안마다 하나씩 있는, 털면 나오는 개인적인 불행이라고 생각했습니다. 하지만 그렇지 않다는 것을 점차 알게 되었어요. 제가 동생을 가족으로 바라보기보다 한 사람의 인간으로, 한 사람의 시민으로 바라보기 시작했을 때 이 문제가 명확해졌다는 생각이 듭니다."

"모든 사람의 인간다운 삶이 보장되지 않는 사회는 나의 인간다운 삶이 보장되지 않는 사회입니다."

장혜영 '무사히 할머니가 될 수 있을까?' 발표 중에서

"나의 목소리를 내기 전에 누구도 나를 대변할 수 없다."

"400조 원이 넘는 대한민국 예산을 어디에 쓸지 300명이 결정하는 구조, 20대 국회 38%가 남성이고 평균 연령이 55.5세입니다. 이 평균 연령은 점점 더 높아지고 있어요. 내 삶에 막대한 영향을 미치는 정치. 국회의원에게만 맡겨둘 순 없습니다. 우리 모두 정치를 알고, 정치를 해야 합니다!"

장하나 '정치하는 엄마가 이긴다'

"제가 행복을 원하고 자유를 원하는 것처럼 동물들도 행복을 원하고 자유를 원하는 존재라는 것을 알게 됐습니다."

"저는 육식주의 시스템에서 빠져나오기로 했습니다. 가부장제를 거부하는 것처럼 육식주의를 거부하고 있습니다. 그러자 보이지 않던 것들이 보이기 시작했어요. 육식주의 시스템에 감춰져 있던 것을 보았고, 단절되어 있었던 생명들과 다시 연결이 되었습니다."

황윤 '사랑할까, 먹을까' 발표 중에서

"왜 살면서 필요한 것들은 많은데, 돈이 유일하다고 생각하며 살고 있을까요. 도시에서 태어나 자라는 동안, 그 감각을 상식처럼 여기게 되면서 어느 순간 이상하다는 생각을 하게 되었습니다. 그래서 다른 삶이 가능하지 않을까, 돈이 없어도 만족스러운 삶을 살 수는 없을까, 만약 그렇게 되면 나는 어떤 일상을 보내고 싶을까. 이런 질문과 상상을 하며 생태공동체를 꾸리며 살고 있습니다."

남수정 '농부 말고 반농반X' 발표 중에서

©아영

괜찮지 않은 세상을
괜찮게 사는 법

1962년 한 여성이 미국의 주류사회에 온 몸으로 부딪친 사건이 발생합니다. 살충제의 폐해를 알린 <침묵의 봄>의 출간입니다.

두 번의 세계전쟁 이후, 산업계는 무기 대신 화학물질을 지속적으로 소비할 수 있는 시장을 찾아 나섰고, 대상은 우리의 일상이었습니다. 산업계와 결탁한 정부와 과학계는 한 목소리로 "DDT가 인류를 말라리아에서 구출하고 해충으로부터 식량을 지킨다"고 주장했습니다. 그러나 인간의 관점에서 곤충을 익충과 해충으로 구분하고, 어떤 곤충을 적으로 간주해 선택적으로 줄일 수 있다는 근대적 사고는 오만임이 드러났습니다. 자연은 곧 내성을 갖추었고, 살충제는 곤충뿐 아니라 인간의 몸도 공격했습니다. DDT사용이 금지된 지 40년이 지난 지금까지 미국의 하천과 사람들의 몸에서는 검출되고 있죠.

20세기 이후 생태운동사를 뒤바꾼 <침묵의 봄>은 '봄이 되어도 새가 울지 않는다'는 한 여성의 편지, 그리고 그 편지에 귀 기울인 생물학자 레이첼 카슨으로부터 시작되었습니다. 이 책을 통해 비로소 인류는 성장의 한계와 생태적 가치를 인식하기 시작했죠.

지금 우리는 그때보다 더 절실히, 자연이 보내는 신호를 들어야 할 때입니다. 이 책을 보고 난 당신에게 자연의 목소리, 여성과 사회적 약자의 목소리, 비인간 동물들의 목소리가 들리길 바랍니다.

에코페미니스트가 되는 것은 대단한 일이 아닙니다. 조금 덜 써도 충분히 행복했던 경험, 누구에게나 한두 번은 있죠. 오로지 소비만이 존재를 증명하는 사회 속에서 소비하지 않고 행복한 삶의 경험을 얻기란 물론 쉽지 않습니다. 나를 사랑한다는 것은 사회의 불평등에 불편을 느끼고 지구와 연결된다는 것입니다.

불편을 느끼고, 그 불편을 기꺼이 감내하겠다는 마음가짐만으로도 에코페미니즘의 세계에 발을 들일 수 있습니다. 휴지 대신 손수건, 일회용 컵 대신 개인 컵, 비닐봉투 대신 장바구니를 사용하는 작은 실천에서, 텃밭을 일구고 하루 한 번 채식 밥상을 차리고 마을에서 함께 할 누군가를 만나는 행동에서 에코페미니스트의 활동은 시작됩니다.

어쩌면 우리가 매일 먹는 것, 입는 것, 마시고 숨 쉬는 모든 것들이 어디에서 어떻게 오는지 잠시 생각해보는 것만으로도 충분할지 모릅니다. 그렇게 조금씩 생각하고 하나씩 실천하다보면, 괜찮지 않은 이 세상을 살아갈 힘을 얻을 것입니다. 그렇게 조금씩 우리가 함께 만들어갈 사회를 상상할 수 있을 것입니다.

우리는 혼자가 아니기에 충분히 가능합니다.

여성환경연대 20년 이야기 ***

여성환경연대는 1999년에 만들어진 여성환경운동 단체로, 여성의 관점에서 생태적 대안을 찾고 성평등하고 지속가능한 녹색사회를 만들고자 합니다. 모든 사람이 평등하게 자연과 더불어 사는 세상, 유해물질로부터 안전한 사회, 자연의 속도에 맞는 느리고 단순한 삶을 위한 활동을 지속적으로 하고 있습니다.

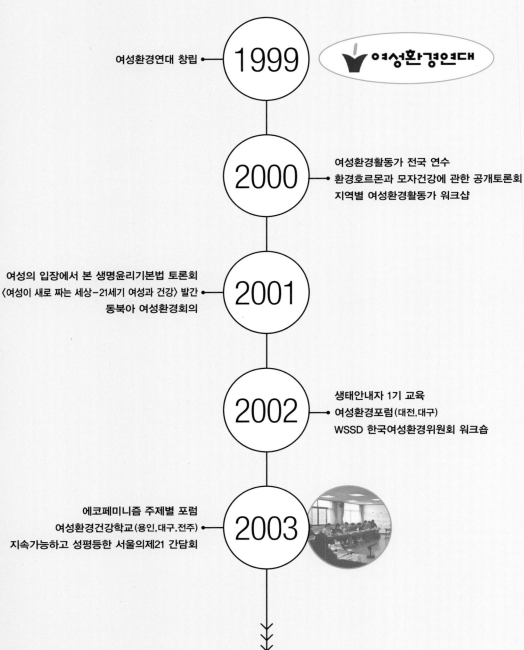

여성환경연대 창립 ● **1999** ✔여성환경연대

2000
여성환경활동가 전국 연수
● 환경호르몬과 모자건강에 관한 공개토론회
지역별 여성환경활동가 워크샵

여성의 입장에서 본 생명윤리기본법 토론회
〈여성이 새로 짜는 세상−21세기 여성과 건강〉 발간 ● **2001**
동북아 여성환경회의

2002
생태안내자 1기 교육
● 여성환경포럼(대전,대구)
WSSD 한국여성환경위원회 워크숍

에코페미니즘 주제별 포럼
여성환경건강학교(용인,대구,전주) ● **2003**
지속가능하고 성평등한 서울의제21 간담회

2004

환경 건강 포털 사이트 제작
전국 여성환경포럼
〈여성의 눈으로 보는 환경 · 건강 · 교재〉 발간

2005

E형 여자 캠페인
환경건강관리사 1기 교육
안전한 화장품 캠페인

2006

한일 공동 캔들나이트
아시아 공정무역 여성포럼
어린이 화장품, 비타민 음료 검출 시험

STOP 유해물질 DOWNDOWN 유방암
공정무역 사회적기업 페어트레이드코리아 인큐베이팅
서울동북여성환경연대 '초록상상' 설립

2007

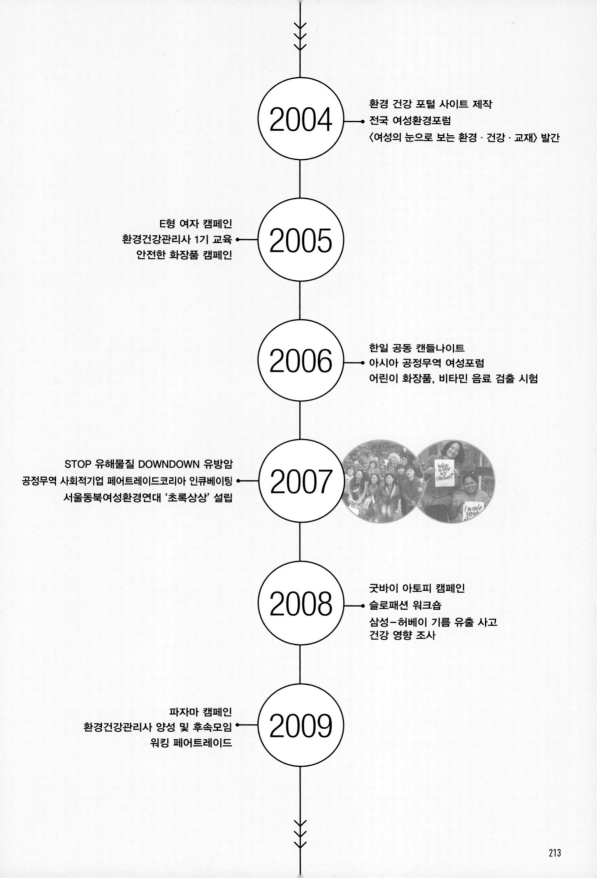

2008

굿바이 아토피 캠페인
슬로패션 워크숍
삼성−허베이 기름 유출 사고
건강 영향 조사

파자마 캠페인
환경건강관리사 양성 및 후속모임
워킹 페어트레이드

2009

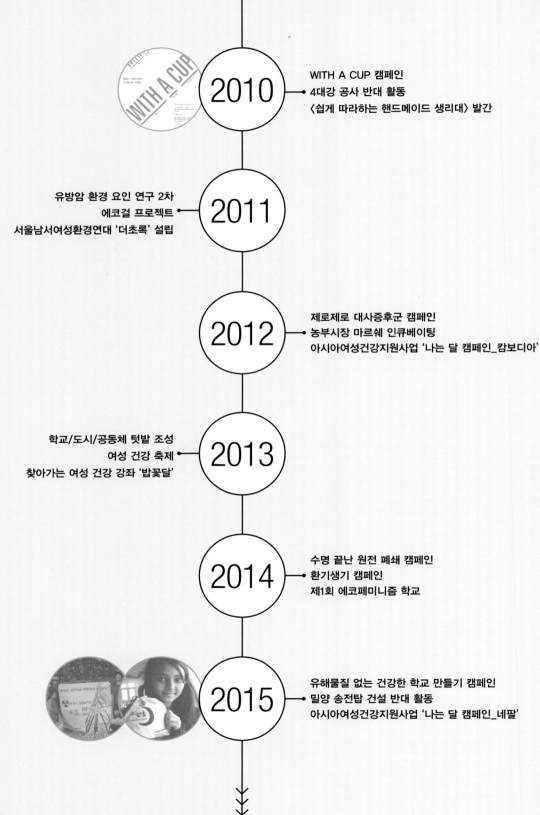

2010
WITH A CUP 캠페인
4대강 공사 반대 활동
〈쉽게 따라하는 핸드메이드 생리대〉 발간

2011
유방암 환경 요인 연구 2차
에코걸 프로젝트
서울남서여성환경연대 '더초록' 설립

2012
제로제로 대사증후군 캠페인
농부시장 마르쉐 인큐베이팅
아시아여성건강지원사업 '나는 달 캠페인_캄보디아'

2013
학교/도시/공동체 텃밭 조성
여성 건강 축제
찾아가는 여성 건강 강좌 '밥꽃달'

2014
수명 끝난 원전 폐쇄 캠페인
환기생기 캠페인
제1회 에코페미니즘 학교

2015
유해물질 없는 건강한 학교 만들기 캠페인
밀양 송전탑 건설 반대 활동
아시아여성건강지원사업 '나는 달 캠페인_네팔'

2016
외모?왜뭐! 캠페인
미세플라스틱 사용 금지 캠페인 FACE TO FISH 시즌1
제1회 에코페미니스트들의 컨퍼런스 개최
〈덜 소비하고 더 존재하라〉 발간

2017
월경의 날 기념 〈월경에 치얼스〉
일회용 생리대 유해물질 검출 실험 및 안전성 촉구 활동
일회용 컵 보증금 부활 요구 캠페인
의류 사이즈 다양화 촉구 '문제는 마네킹이야' 캠페인

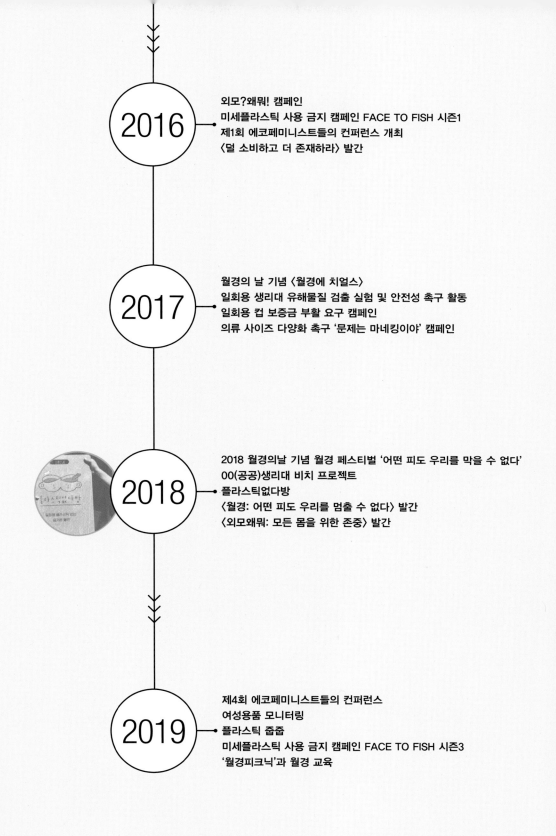

2018
2018 월경의날 기념 월경 페스티벌 '어떤 피도 우리를 막을 수 없다'
00(공공)생리대 비치 프로젝트
플라스틱없다방
〈월경: 어떤 피도 우리를 멈출 수 없다〉 발간
〈외모왜뭐: 모든 몸을 위한 존중〉 발간

2019
제4회 에코페미니스트들의 컨퍼런스
여성용품 모니터링
플라스틱 줍줍
미세플라스틱 사용 금지 캠페인 FACE TO FISH 시즌3
'월경피크닉'과 월경 교육

가나다순

강민지	김홍미리	양미련	조영옥
강은수	까마귀	양선모	조은아
강희영	나경	어바웃타임	주은진
개굴	나디아	여혜숙	지구하다
경진주	도토리	용정실	찔레
곽유림&이은송&이지유	두더지	유정	최수진
권은하	루	윤정인	최윤정 꿈틀
기심	루만	윤주혜	최정은
김가람	리비	이나영	최형미
김가은	멍멍이	이덕운	펭귄
김경미	명희진	이라영	포포아
김남영	모아나	이상영	하하호호
김미주	박미경	이선아	한서영
김보화	박소현	이아는오늘도	함정희
김봉률	박영주	이안소영	허경희
김상미	박은별	이유정	허병란
김상애	박은진	이윤주	혜몽
김수경	박이은실	이인영&장형석	환경교사 황경미
김신효정	박정옥	이정화	황대영
김양지영	박종숙	이지선	황연재
김양희	박차영	이지아	황은정
김영순	박한별	이지후	힐드 아로마테라피
김유진	박희영	이하경	–
김은석	배민주	이희랑	anna
김은희	변유경	임예현	Bengi
김정호	보리사자	임재하	frida the body
김주희(보라마녀)	석진	있슈	hemtoryo
김창섭	성미선	정단단	kylie
김창숙	손기연	정슬아	Lynda Kang
김천근	손민지	정예지	mari
김천이	송유진	정유진	noori bang
김현아	스머프	정윤경	X
김현주	신연우 신지안	정진솔	
김혜란	신지호	정초원	
김혜순	심보미	정희정